Como Eu Ensino

Biomas brasileiros

Como Eu Ensino

Biomas brasileiros

Eloci Peres Rios
Miguel Thompson

Editora Melhoramentos

Rios, Eloci Peres
   Biomas brasileiros / Eloci Peres Rios e Miguel Thompson. São Paulo: Editora Melhoramentos, 2013. (Como eu ensino)

   ISBN 978-85-06-07159-5

   1. Educação e ensino. 2. Técnicas de ensino – Formação de professores. 3. Biomas – Técnicas de ensino. I. Thompson, Miguel II. Título.

13/095   CDD 370

Índices para catálogo sistemático:
1. Educação e ensino 370
2. Formação de professores – Ensino da Educação 370.7
3. Psicologia da educação – Processos de aprendizagem - Professores 370.15
4. Geografia – Biomas brasileiros – Técnicas de ensino 371.33

Obra conforme o Acordo Ortográfico da Língua Portuguesa

Organizadores Maria José Nóbrega e Ricardo Prado

Coordenação editorial Estúdio Sabiá
Edição de texto Bruno Salerno Rodrigues
Revisão Ceci Meira, Nina Rizzo
Pesquisa iconográfica Monica de Souza
Ilustrações Paulo Cesar Pereira
Capa, projeto gráfico e diagramação Nobreart Comunicação

© 2013 Eloci Peres Rios e Miguel Thompson
Direitos de publicação
© 2013 Editora Melhoramentos Ltda.

1ª edição, junho de 2013
ISBN: 978-85-06-07159-5

Todos os esforços foram envidados para localizar todos os detentores de direitos das imagens deste livro. Se porventura for encontrada alguma omissão, solicitamos aos eventuais detentores que entrem em contato com a editora, que terá a maior satisfação em resolvê-la.

Atendimento ao consumidor:
Editora Melhoramentos
Caixa Postal: 11541 – CEP: 05049-970
São Paulo – SP – Brasil
Tel.: (11) 3874-0880
www.editoramelhoramentos.com.br
sac@melhoramentos.com.br

Impresso no Brasil

Apresentação

De que maneira uma pessoa configura sua identidade profissional? Que caminhos singulares e diferenciados, no enfrentamento das tarefas cotidianas, compõem os contornos que caracterizam o professor que cada um é?

Em sua performance solitária em sala de aula, cada educador pode reconhecer em sua voz e gestos ecos das condutas de tantos outros mestres cujo comportamento desejou imitar; ou silêncios de tantos outros cuja atuação procurou recalcar.

A identidade profissional resulta de um feixe de memórias de sentidos diversos, de encontros e de oportunidades ao longo da jornada. A identidade profissional resulta, portanto, do diálogo com o outro que nos constitui. É coletiva, não solitária.

A coleção Como Eu Ensino quer aproximar educadores que têm interesse por uma área de conhecimento e exercem um trabalho comum. Os autores são professores que compartilham suas reflexões e suas experiências com o ensino de um determinado tópico. Sabemos que acolher a experiência do outro é constituir um espelho para refletir sobre a nossa própria e ressignificar o vivido. Esperamos que esses encontros promovidos pela coleção renovem o delicado prazer de aprender junto, permitam romper o isolamento que nos fragiliza como profissionais, principalmente no mundo contemporâneo, em que a educação experimenta um tempo de aceleração em compasso com a sociedade tecnológica na busca desenfreada por produtividade.

A proposta desta série de livros especialmente escritos *por professores para professores* (embora sua leitura, estamos certos, interessará a outros aprendizes, bem como aos que são movidos incessantemente pela busca do conhecimento) é sintetizar o conhecimento mais avançado existente sobre determinado tema, oferecendo ao leitor-docente algumas ferramentas didáticas com as quais o tema abordado possa ser aprendido pelos alunos da maneira mais envolvente possível.

Biomas brasileiros na coleção Como Eu Ensino

Neste volume da coleção Como Eu Ensino, os biólogos Eloci Peres e Miguel Thompson analisam as características ambientais do território brasileiro em seus seis grandes biomas. No entanto, antes de apresentar este tema, dos mais relevantes que compõem o currículo de ciências dos anos finais do Ensino Fundamental, os autores deixarão claro seu objetivo, já no início do capítulo 1: querem que os próprios alunos formem, a partir da orientação do professor, os conceitos estruturantes para se compreender o papel ecológico de cada bioma e a ação do homem neles. A partir da reflexão emanada das próprias discussões entre seus pares, será mais fácil para os alunos se envolverem com as atividades propostas.

No capítulo seguinte, cada bioma é analisado a partir das características de clima, vegetação, regime de chuvas e biodiversidade. Completa esse panorama o capítulo 3, que se debruça sobre a ação do homem e os desafios relacionados ao manejo e conservação desses ambientes.

No capítulo 4 seus alunos se envolverão com os métodos da observação científica. A primeira atividade é a construção de um terrário no qual diversas situações ambientais serão testadas e debatidas nos "diários de bordo" dos alunos. Outra proposta deste capítulo é o Seminário rodízio, sistema no qual a classe é dividida nos seis biomas clássicos e cada grupo apresenta as características "do seu bioma" no mesmo dia, de modo que estes não sejam vistos como partes isoladas e fragmentadas. Este capítulo se encerra com a apresentação do Jogo da Sobrevivência, que simula o crescimento natural da população de quatis de um determinado ambiente disputado por gambás, onças, cobras e macacos. Por meio dessa atividade, a turma lidará, na prática, com os conceitos de extinção ou superpopulação de espécies, teia alimentar, natalidade, mortalidade, migração etc.

Por fim, o capítulo 5 não deixa dúvidas da preocupação dos autores em oferecer um percurso didático bem definido, mas com aberturas suficientes para que cada docente o adapte às próprias condições. Apresenta-se ali uma sequência de 16 aulas dedicadas à compreensão dos biomas e, especialmente, de seus limites ambientais. A expectativa, ao final da sequência, é que fique claro a necessidade de se buscar, cada vez mais, um uso sustentável dos recursos naturais, para que a extraordinária biodiversidade brasileira permaneça preservada para encantar os bisnetos de seus alunos.

Maria José Nóbrega e Ricardo Prado

Sumário

1. Introdução e embasamento teórico 9
2. Caracterização dos biomas 39
3. Os biomas e o ser humano 92
4. Oficinas, projetos e atividades 127
5. Sequência didática 158

Gabaritos das atividades 170

Modelo de cartas para o Jogo da Sobrevivência 175

Os autores 183

Capítulo 1

Introdução e embasamento teórico

O ensino de ciências

O ensino de ciências tem, predominantemente, se prestado a uma abordagem muito focada na exposição de conceitos e definições, o que o torna enfadonho e desprovido de significado para os estudantes. Isso tem estimulado principalmente a memorização e a mera aquisição de nomenclaturas, embora o trabalho com conceitos seja fundamental, representando um patrimônio cultural elaborado há centenas de anos. Por outro lado, é importante que o professor tenha em mente, ao planejar seu curso, que é possível ampliar os objetivos de uma aula, de uma sequência didática ou de um curso. Além das ideias científicas propriamente ditas, podemos planejar uma série de habilidades e procedimentos que estimulem o desenvolvimento cognitivo e o comportamento investigativo, bem como mudanças de atitudes e revisão de valores frente às ações humanas, em relação aos outros e à natureza. Nesse sentido, entre muitos conteúdos trabalhados no ensino de ciências, as questões ambientais vêm ganhando destaque, como fonte de análise e discussão das relações dos seres humanos com o meio.

Antes de nos aprofundarmos no planejamento do tema proposto, sugerimos como diretrizes de trabalho:

- a utilização de linguagem clara, esclarecedora e objetiva;
- a contextualização dos conteúdos;
- a exploração da capacidade de leitura e escrita, bem como do raciocínio;

- o trabalho coerente dos conteúdos dentro da proposta curricular;
- a utilização de ilustrações, representações cartográficas, gráficos, quadros e tabelas atualizadas.[1]

Particularmente, neste livro focaremos os biomas brasileiros como fonte de planejamento didático, mas entendemos que a maior parte das orientações aqui propostas pode ser seguida em qualquer área do planejamento curricular. A partir desse tema, fazemos uma proposta didática que pode ser transportada para os diferentes temas curriculares, ampliando-se a intencionalidade do trabalho docente para além da apresentação de conceitos e definições. Para tal, ao longo de todo o livro pretendemos trabalhar o tema dos biomas brasileiros a partir de conteúdos conceituais, procedimentais e atitudinais.

Conteúdos conceituais, procedimentais e atitudinais

A partir da década de 1990, principalmente com as discussões prévias à LDB (Lei de Diretrizes e Bases da educação) e posteriores à sua promulgação, os planejamentos didáticos ganharam uma perspectiva analítica que enriqueceu bastante a reflexão e a prática didática. A classificação dos conteúdos escolares nas categorias conceitual, procedimental e atitudinal amplia a intencionalidade do trabalho docente, sistematizando o processo de planejamento e expandindo as possibilidades educativas. Essa divisão entre conteúdos tem função instrumental: presta-se a representar as intenções do professor em relação aos educandos, orientando o planejamento e os planos de aulas.

---
[1] FERNANDES, 2007, p. 29.

De maneira bem simplificada, podemos definir os três tipos de conteúdo citados da seguinte maneira:

Conteúdos conceituais

Os conteúdos conceituais são compostos por diversos conceitos e princípios, que podem ser representados por uma rede de ideias. Os conceitos se referem ao conjunto de fatos, objetos ou símbolos que tem características comuns, e os princípios se referem a grandes ideias que alteram a forma de interpretar a realidade e produzem mudanças na forma de observar um fato, objeto ou situação em relação a outros fatos, objetos ou situações e que, normalmente, descrevem relações de causa e efeito. No presente livro trabalharemos os conceitos de ecologia, biosfera, ecossistema, biomas, comunidade, população, teias alimentares, diversidade, fatores bióticos e abióticos, hábitat e espécie. Como princípios, trabalharemos a ideia de que os sistemas interligados e a seleção natural são fatores determinantes na caracterização, na estruturação, na manutenção e nas mudanças nos biomas.

Conteúdos procedimentais

Podemos definir um conteúdo procedimental como um conjunto de ações orientadas para a consecução de uma meta. Sob essa denominação incluem-se habilidades, métodos, estratégias e rotinas, utilizados aqui como sinônimos quando se referem às ações dos estudantes. Entendemos que um dos objetivos principais do professor é auxiliar o aluno a organizar seu pensamento, a formar o pensamento científico.

Essa organização científica do pensamento é feita, fundamentalmente, por meio de operações mentais e procedimentos que o professor incentiva em seu aluno. Neste livro propomos trabalhos relacionados à observação, descrição, investigação, pesquisa, análise e interpretação de textos e gráficos, bem como à reflexão das ações humanas, em busca de um juízo de valores e críticas comportamentais baseados em relações de causa e consequência.

Conteúdos atitudinais

A expressão "conteúdo atitudinal" engloba valores, atitudes e normas. Nesse aspecto, procuramos estimular a reflexão sobre valores e atitudes em relação ao próximo e ao ambiente por meio de algumas estratégias didáticas que aparecerão ao longo de todo o livro. São elas: o trabalho em grupo, a exposição pública de ideias, o contato com o ambiente e a cultura local, e a investigação e interpretação dos resultados à luz de dados, fatos e pesquisas (bibliográficas, de campo e sociais).

Nesta obra, a título de exemplo, as atitudes estimuladas nas atividades propostas são:

- o respeito às opiniões contrárias;
- a valorização do trabalho em grupo;
- a valorização do conhecimento científico;
- a preocupação com os problemas ambientais;
- a atitude crítica diante das ações humanas que degradam os ambientes;
- a conscientização de como é importante contribuir para evitar a deterioração ambiental;
- a valorização do ambiente como um bem coletivo que deve ser cuidado por todos;
- o desenvolvimento sustentável.[2]

---
[2] RIOS, 2004.

Expectativas de aprendizagem

O conjunto desses conteúdos organizados para um objetivo comum leva às expectativas de aprendizagem. Dessa forma, um conjunto de "saberes, fazeres e valores" é transformado em conhecimento. Como exemplos de expectativas relacionadas aos biomas brasileiros, citamos:

- identificar características peculiares dos diferentes biomas brasileiros;
- analisar práticas extrativistas, relacionando-as às formas de manejo sustentáveis e de preservação ambiental;
- comparar características dos diferentes domínios naturais, estabelecendo relações entre biomas e domínios morfoclimáticos;
- identificar os principais pontos relacionados à crise ambiental brasileira, considerando mudanças climáticas, contaminação das águas, desmatamento e perda da diversidade.[3]

É importante que o professor, dentro da proposta curricular da escola, elabore suas próprias expectativas curriculares, utilizando as referências acima como exemplo para o planejamento didático.

Linguagem

Uma das grandes dificuldades do processo educativo é aproximar a linguagem científica da linguagem cotidiana, substituindo progressivamente a segunda pela primeira em contextos onde isso se faz necessário.

---
[3] MARQUES, 2012, p. 19-20.

A linguagem científica tem características próprias que a distinguem da linguagem comum. Essas características foram sendo estabelecidas ao longo do desenvolvimento científico, como forma de registrar e ampliar o conhecimento. Muitas vezes, elas tornam a linguagem científica estranha e difícil para os alunos. Reconhecer essas diferenças implica em admitir que a aprendizagem da ciência é inseparável da aprendizagem da linguagem científica.[4]

Os estudos sobre as interações discursivas nas aulas de ciências têm mostrado que elas são povoadas por entidades abstratas (elétrons, átomos, moléculas, células etc.) e que, na construção do significado dessas entidades, "a forma pela qual o professor 'fala sobre' as evidências ou atividades é, no mínimo, tão importante quanto as próprias evidências e atividades" (Scott, 1996, p. 127).[5]

Quando trabalhamos os conceitos em sala de aula, introduzimos uma série de novos vocábulos e representações que não fazem parte do cotidiano dos estudantes. Na verdade, cada especialidade ou disciplina pode ser considerada como uma linguagem que apresentamos ao longo de um programa curricular. Imaginar a disciplina como uma linguagem transforma a maneira como planejamos nossas atividades didáticas. Pensar que cada novo vocábulo, representação e símbolo é um universo desconhecido dos estudantes amplia a reflexão de como devemos tratar os termos trabalhados e nos aproximar do universo linguístico dos jovens. Dessa forma, é fundamental o trabalho

---

[4] http://www.recantodasletras.com.br/artigos/2614185.
[5] MORTIMER, 1998. O autor cita um trecho de SCOTT, P. Social Interactions and Personal Meaning Making in Secondary Science Classrooms. In: WELFORD, G.; OSBORNE, J.; SCOTT, P. (eds.) *Research in Science Education in Europe*: Current Issues and Themes. Londres: The Falmer Press, 1996.

de elencar os conhecimentos prévios sobre cada tema a ser trabalhado e a familiaridade com os vocábulos introduzidos. Mesmo pesquisadores experientes sentem dificuldades quando mudam de uma especialidade a outra – que dirá os jovens em pleno processo de iniciação à formação. Sem entender o significado dos vocábulos, os alunos terão problemas para compreender e comunicar suas ideias.

Grande parte dos estudantes não acompanham as aulas porque desconhecem muitas palavras ou porque atribuem aos termos significados diferentes dos atribuídos pelo professor. Parece-nos claro que, para os alunos do Ensino Fundamental, conceitos como autóctone, biocenose, biota, ecótono, nicho ecológico e outros podem ser substituídos por termos ou noções mais simples, analogias e metáforas que se aproximem do universo cotidiano do estudante, ou mesmo ser ignorados durante o curso. O excesso de vocábulos técnicos que o professor usa em sala leva muitos alunos a pensar que as ciências são só um conjunto de nomes, fórmulas e símbolos a serem decorados e enunciados em definições.

> *Entendemos que um novo conceito só passa a ter significado quando o aluno tem exemplos e oportunidades suficientes para usá-lo, construindo sua própria moldura de associações. Como, às vezes, os termos apresentados são desnecessários, uma vez que nunca mais voltarão a ser usados, o professor deve ter cuidado para não sobrecarregar a memória dos alunos com informações inúteis. Um dos eixos de organização do curso é a reflexão sobre qual seria o vocabulário adequado e justo para que os estudantes entendam os princípios e conceitos estruturantes da disciplina. Saber exatamente o que é fundamental e eliminar o que é acessório*

facilita muito o processo de aprendizagem, tornando-o mais significativo.[6]

Contextualizar os conceitos e usá-los em situações reais permite um aprendizado significativo e permanente. Refletir constantemente sobre esses termos e colocá-los em situações de uso será decisivo para que o aluno possa utilizar o conhecimento em prol de reflexões sobre o mundo que o cerca.

Atividade 1

Pesquisa de opinião

A proposta é organizar uma pesquisa de opinião para saber como diferentes pessoas entendem o significado da palavra "ecologia". Poderíamos defini-la como:
Ciência que estuda as inter-relações dos organismos com o ambiente e com os organismos de sua e de outras espécies. Essa relação é mediada pela capacidade de obtenção de energia e matéria para sobreviver e reproduzir-se. A forma como ocorre a partilha de energia e matéria é um dos principais fatores para se compreender a estrutura de um ecossistema.
A mesma atividade pode ser usada para diferentes conceitos relacionados ao ambiente – de biomas a teia alimentar –, podendo ser modificada de acordo com o interesse do professor.
Pesquisas de opinião são feitas, frequentemente, para descobrir o que as pessoas pensam sobre determinado assunto. Nesse tipo de trabalho, entrevista-se uma parcela da população, uma vez que geralmente é impossível ouvir todas as pessoas. O número de entrevistados constitui-se na *amostra* da pesquisa.

---
[6] KRASILCHIK, 1996, p. 69.

Na pesquisa a ser proposta, cada aluno entrevista quatro pessoas, se possível de diferentes níveis de instrução. A ideia é entender a influência da escolaridade na compreensão do conceito de ecologia. Por outro lado, é fundamental alertar os estudantes sobre a necessidade de respeitar a opinião de cada um dos entrevistados.

Procedimentos

A) Prepare quatro cópias da seguinte ficha:

Em sua opinião, o que é ecologia?
Graus de instrução do entrevistado:
a) Sem instrução ou com Ensino Fundamental incompleto ( )
b) Ensino Fundamental completo ( )
c) Ensino Médio completo ( )
d) Curso universitário completo ( )

B) Peça que cada aluno entreviste quatro pessoas:

α. uma que não tenha frequentado escola ou não tenha concluído o Ensino Fundamental;
β. uma que tenha concluído o Ensino Fundamental e não estude mais ou esteja cursando o Ensino Médio;
ϒ. uma que tenha concluído o Ensino Médio e não estude mais ou esteja cursando alguma faculdade;
δ. uma que tenha concluído um curso superior.

C) Na ficha, o aluno deve escrever a opinião do entrevistado no espaço destinado à resposta. No item "Grau de instrução do entrevistado", assinalar seu grau de escolaridade (se for difícil encontrar pessoas de todas as categorias discriminadas, entrevistar quatro pessoas quaisquer, mas sem deixar de assinalar os respectivos graus de escolaridade). Não devem ser entrevistadas pessoas que já tenham respondido a outros alunos da classe. Se isso acontecer, a pesquisa ficará prejudicada, pois a mesma resposta aparecerá mais de uma vez e será considerada como se tivesse sido dada por pessoas diferentes.

D) A seguir, o aluno deve se reunir com um (ou mais) de seus colegas e classificar as respostas obtidas pelo grupo, juntando todas as que tenham o mesmo sentido, mesmo que expressas com palavras diferentes.

E) Prepare uma tabela como a seguinte e preencha com os dados de cada equipe.

Tipo de resposta	Número de respostas, segundo o nível de escolaridade			
	(a)	(b)	(c)	(d)

Agora, reúna os dados das diferentes equipes e registre-os numa tabela geral.

F) De acordo com a tabela que representa os resultados da pesquisa feita pela classe, peça que os alunos respondam às seguintes perguntas:

1. Que tipo de resposta foi mais frequente?
2. Qual é o grau de escolaridade das pessoas que deram essa resposta?
3. Existe relação entre o grau de escolaridade das pessoas e o tipo de resposta que elas deram?

4. De uma forma geral, como a maioria das pessoas entrevistadas entende ecologia? Selecione uma ou mais alternativas abaixo:

- Problemas ambientais.
- Ecossistemas.
- Natureza.
- Estudo das relações entre os seres vivos e o ambiente.
- Movimento político.
- Propaganda política.

5. Pergunte à classe se alguma das respostas dadas se assemelha à opinião dos alunos.
6. Como o grupo interpreta o tipo de resposta mais frequente obtido na pesquisa realizada pela classe?
7. Como o grupo interpreta o fato de um mesmo conceito ter diferentes significados?

O professor pode encerrar a atividade discutindo com os estudantes a importância de se conhecer bem os conceitos que são trabalhados em classe, para evitar erros de interpretação ou interpretações muito diferentes daquelas discutidas em aula.[7]

Atividade 2

As definições abaixo de bioma foram extraídas de três fontes distintas: da Wikipédia, enciclopédia on-line muito utilizada pelos estudantes em suas pesquisas, de um livro de ecologia e de uma dissertação de mestrado.

---

[7] Atividade obtida em: SECRETARIA DE EDUCAÇÃO DO ESTADO DE SÃO PAULO. Coordenadoria de Estudos e Normas Pedagógicas. Atividades de biologia. 4 vols. Coord. Norma Cleffi. São Paulo, SE/CENP/CECISP, 1980.

1. Bioma é um conjunto de diferentes ecossistemas, que possuem certo nível de homogeneidade. São as comunidades biológicas, ou seja, as populações de organismos da fauna e da flora interagindo entre si e interagindo também com o ambiente físico, chamado biótopo. O termo "bioma" (bios, vida, e oma, massa ou grupo) foi utilizado pela primeira vez em 1943 por Frederic Edward Clements, que o definiu como uma unidade biológica ou espaço geográfico cujas características específicas são definidas pelo macroclima, a fitofisionomia, o solo e a altitude. Podem, em alguns casos, ser caracterizados de acordo com a existência ou não de fogo natural. Com o passar dos anos, a definição do que é um bioma passou a variar de autor para autor.[8]

2. Bioma é um sistema regional ou subcontinental grande, caracterizado por um tipo de vegetação principal particular (como uma floresta temperada decídua); os biomas são diferenciados pelas plantas predominantes associadas a um clima particular (especialmente temperatura e precipitação).[9]

3. Bioma é a unidade ecológica imediatamente superior ao ecossistema; é a maior unidade da comunidade terrestre com flora, fauna e clima próprios, podendo ser também aquático. É o conjunto de vida (vegetal e animal) definida pelo agrupamento de tipos de vegetação contíguos e identificáveis em escala regional, com condições geoclimáticas similares e história compartilhada de mudanças, resultando em uma diversidade biológica própria, caracterizado por tipos fisionômicos semelhantes de vegetação com diferentes tipos climáticos. São

---

[8] Wikipédia. Disponível em: http://pt.wikipedia.org/wiki/Bioma. Acesso em: 15 mar. 2013.
[9] ODUM e BARRET, 2007, p. 513.

grandes ecossistemas que compreendem várias comunidades bióticas em diferentes estágios de evolução, em vasta extensão geográfica. Por necessidade ecológica, os biomas apresentam intensa e extensa interação edáfica e climática, definindo assim as condições ambientais características. Alguns biomas brasileiros: Amazônia, Caatinga, Cerrado, Mata Atlântica etc.[10]

Ao iniciar a primeira aula sobre biomas, distribua cada uma das definições a grupos diferentes, repetindo as definições caso haja mais de três grupos. Os grupos devem ler as definições recebidas.

Após a leitura, peça que os estudantes grifem os termos desconhecidos e pesquisem seus significados em dicionários, livros didáticos na biblioteca e sites na internet – ou mesmo que consultem o próprio professor.

Após esses esclarecimentos, peça aos grupos diferentes representações da definição. Cada grupo fará uma atividade diferente, entre as seguintes sugestões:

- reescrever a definição, explicando cada termo apresentado;
- desenhar a definição num cartaz;
- desenvolver uma história ficcional em que a definição de bioma recebida entra como um dos componentes principais;
- apresentar a definição a partir de fotos e ilustrações;
- adaptar a definição para uma história em quadrinhos;
- fazer uma representação teatral da definição recebida.

Ao final, toda a classe pode discutir a melhor apresentação, a que mais se aproximou da definição trabalhada.

---
[10] MARQUES, 2012, p. 32.

A ideia por trás dessas atividades é testar à exaustão o entendimento que os alunos têm da definição de bioma. Será possível detectar muitas imprecisões, que podem ser debatidas e esclarecidas pelo grupo e pelo professor, além de apontar a necessidade de entendimento completo de cada conceito estudado.

As atividades 1 e 2, apresentadas aqui, têm o objetivo de tratar dois conceitos importantes de maneira mais aprofundada. Por não termos tempo ou hábito de trabalhar conceitos e definições de forma profunda com os estudantes, muitas ideias que apresentamos em aula não são compreendidas a contento, incapacitando o aluno de pensar sobre certos problemas ou refletir a partir da linguagem científica.

Assim, cabe ao professor de ciências desenvolver uma alfabetização científica mínima e estimular o desenvolvimento de competências necessárias para uma leitura eficiente, visando ao emprego do pensamento lógico, ao aumento da capacidade argumentativa e ao uso de ideias científicas para a reflexão e a resolução de problemas reais. Nesse ponto, entendemos que a diminuição dos conteúdos conceituais abre espaço para um maior aprofundamento em cada um dos conceitos trabalhados, bem como a ampliação de atividades que permitam a compreensão de equipamentos e de procedimentos técnicos, a obtenção e análise de informações e a construção coletiva do conhecimento por meio do diálogo entre os estudantes, tanto entre os estudantes como entre a comunidade. Dessa forma, o ensino de ciências não tem somente um valor em si, mas é também um meio pelo qual os estudantes podem conhecer e interferir no mundo em que vivem.

Conceitos estruturantes

Entendemos os conceitos estruturantes como aqueles conhecimentos de grande amplitude, que identificam e organizam os campos de estudo de uma disciplina escolar, considerados fundamentais para a compreensão de seu objeto de estudo e ensino.

A seleção dos conteúdos do ensino de ciências deve considerar a sua relevância para o entendimento do mundo no atual período histórico, a constituição da identidade da disciplina, a compreensão do objeto de estudo e a integração conceitual dos saberes científicos na escola. Sendo assim, os conteúdos de ciências valorizam conhecimentos de diferentes áreas de referência científica, como a biologia, a física, a química, a geologia e a astronomia, entre outras.

Para que os alunos possam estabelecer conexões iniciais é importante que se apresente uma rede conceitual, que funcione como andaime por meio do qual os estudantes construirão suas próprias tramas intelectuais. Os conceitos abaixo listados nos parecem fundamentais para que os estudantes compreendam a ideia de bioma e suas interações. Sugerimos que o professor faça a sua crítica e elimine ou amplie a lista de conceitos que considera fundamentais para o desenvolvimento do tema bioma.

Ecologia. Ciência que estuda as inter-relações dos organismos com o ambiente e com os organismos de sua e de outras espécies. Essa relação é mediada pela capacidade de obtenção de energia e matéria para sobreviver e reproduzir-se. A forma como ocorre a partilha de energia e matéria é um dos principais fatores para se compreender a estrutura de um ecossistema.

O conceito de ecologia sofreu muitas alterações desde a primeira versão, proposta por Ernst Haeckel

(1834-1919) em 1866. As várias versões do conceito se deram conforme exigiam as necessidades e avanços tecnológicos do momento. A primeira versão constava do estudo de uma só espécie e suas relações com seu meio (1); na segunda fase, aproximadamente na década de 1920, o conceito se estende às comunidades, já contendo certas noções de teia alimentar (2); trinta anos depois, a ecologia é interpretada como as interações do meio ambiente com a espécie que nele vive (3); na década de 1970, o termo ganha uma nova interpretação, quando se percebe que os diferentes ecossistemas são separados entre si por interfaces (regiões de encontro entre ecossistemas) e que o todo compõe a biosfera (4); atualmente, o foco de discussões ecológicas é o homem e seu papel dominante na biosfera, sua responsabilidade na evolução e na qualidade de vida no planeta (5).

A ecologia apresenta inúmeras aplicações atuais, como o controle biológico de pragas nocivas à agricultura, a preservação de espécies em extinção, a proibição da pesca em época de reprodução etc. Numa época em que a espécie humana, por conta de sua expansão demográfica, invade e transforma cada vez mais os meios naturais, seu futuro só pode estar assegurado se recorrermos a todos os dados que nos trazem os estudos modernos da ecologia.

Biosfera. O conjunto de todos os ecossistemas terrestres é chamado de biosfera, que significa a camada de vida que envolve a Terra. É a área do nosso planeta em que é possível a sobrevivência dos organismos vivos, devido à existência de diversas condições que permitem a sustentação da vida. Compreende não só a superfície terrestre, mas também uma parte da atmosfera, do meio aquático e do subsolo. Tem aproximadamente 18 quilômetros, sendo 7 quilômetros para cima da superfície, na atmosfera, e 11 quilômetros para baixo, até as profundezas marinhas. A biosfera pode ser considerada o maior dos ecossistemas conhecidos.

Ecossistema. É o conjunto de interações desenvolvidas pelos componentes vivos (bióticos) e não vivos (abióticos) de um determinado ambiente, de modo que um fluxo de energia seja compartilhado por toda a comunidade (conjunto de organismo de um ecossistema) e haja reciclagem de matéria entre componentes vivos e não vivos. Os ecossistemas podem ter diferentes tamanhos, de uma pequena lagoa até um oceano, desde que haja intercâmbio de matéria e energia entre seus elementos. Esses fatores não se encontram isolados no ambiente, sendo muitas vezes difícil definir efetivamente o que é físico e o que é biológico. A energia que as plantas acumulam da luz solar é armazenada em ligações químicas e posteriormente distribuída ao longo de uma teia alimentar. As moléculas presentes nos seres vivos são constantemente recicladas entre ambiente físico e biológico. Melhor que distinguirmos efetivamente o que é físico e o que é biológico, é entender que os elementos da natureza fazem parte de um processo dinâmico e interdependente, que possibilita a própria existência do planeta e dos seres que nele habitam.

Muitas vezes, definir o tamanho de um ecossistema é uma tarefa difícil. Como vimos, a biosfera pode ser considerada o maior ecossistema planetário, mas até mesmo uma planta pode ser considerada um ecossistema, como é o caso da bromélia, que abriga um verdadeiro microcosmo em suas folhas.

Figura 1. Representação de um microecossistema estruturado em uma bromélia.

População. Grupo de indivíduos da mesma espécie que ocupam determinado espaço. Ecologicamente, é a unidade em que ocorre a transferência de energia dentro das teias alimentares. Características básicas da população são a taxa de natalidade, a curva de crescimento, a taxa de mortalidade, a distribuição etária, a densidade e a dispersão numérica no tempo e no espaço. Os indivíduos de uma espécie que vivem em determinada região e se entrecruzam, fazendo parte da mesma comunidade biológica, integram uma população.

Comunidade. Conjunto de espécies que ocorrem no mesmo lugar, conectados uns aos outros por suas relações de alimentação e outras interações. Todas as populações de um determinado ecossistema formam uma comunidade.

Diversidade. A diversidade de espécies de um ambiente é determinada pelo número total de espécies presentes e pelo grau de dominância que algumas delas têm no ambiente. A diversidade tende a ser maior em áreas maiores e nas latitudes próximas ao equador. É por isso que as florestas tropicais têm maior diversidade de espécies que as florestas temperadas.

A grande quantidade de seres vivos da biosfera tornaria impossível estudá-los se os biólogos não os classificassem, reunindo-os em grupos com base em características que eles têm em comum. A unidade de classificação que os cientistas criaram para isso chama-se espécie.

Espécie. Conjunto de indivíduos muito semelhantes que, ao se cruzar, geram indivíduos férteis. As espécies são consideradas conceitualmente como uma população ou série de populações, dentro das quais fluem genes livres sob condições naturais. Isso significa que todos os indivíduos, normais e fisiologicamente competentes, em dado momento são capazes de procriar com todos os indivíduos de sexo oposto que pertençam à mesma espécie, ou que sejam capazes de se ligar geneticamente a eles através das teias alimentares de outros indivíduos procriadores. Por definição, os indivíduos de uma espécie não procriam com membros de outra.

Teia alimentar. A transferência de energia alimentar dos autótrofos (algas e plantas) para uma série de organismos que consomem – e também são consumidos – é chamada de teia alimentar. Teias alimentares são modelos qualitativos, que indicam quem são os integrantes de um ecossistema e qual a função de cada um na partilha de alimento em determinado ambiente.

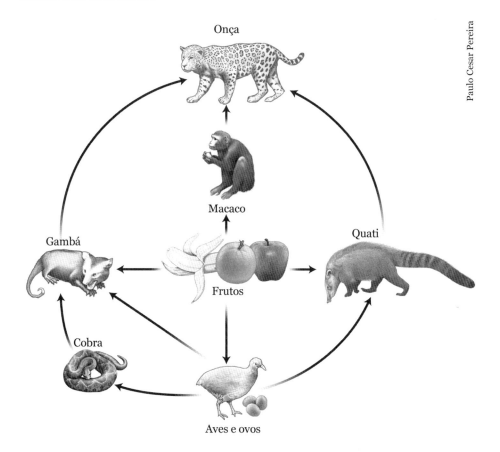

Figura 2. Teia alimentar.

A cada transferência, uma grande proporção da energia potencial, frequentemente de 80% a 90%, é perdida como calor. Portanto, quanto mais curta a teia alimentar, ou quanto mais próximo o organismo estiver do nível trófico (de nutrição) do produtor, maior a energia disponível para essa população.

Existem outros modelos ecológicos que, em conjunto com as teias, dão maiores informações do estágio em que se encontra um ecossistema. Os modelos quantitativos indicam a quantidade de determinado elemento num ecossistema.

Um dos modelos mais utilizados é o da pirâmide ecológica e suas diferentes modalidades: pirâmide de números, pirâmide de biomassa e pirâmide de energia.

A pirâmide de números representa a densidade de indivíduos em cada nível trófico, em determinado intervalo de tempo. Quando os produtores são pequenos, como o capim de uma pradaria, forma-se de fato uma pirâmide. Mas, no caso das florestas, um único produtor, como uma árvore, pode abrigar dezenas de herbívoros; ocorre uma inversão da pirâmide de números, com a base menor que o cume. Esse tipo de pirâmide pode supervalorizar pequenos organismos, que, embora numericamente abundantes, revertem pouca energia para quem os consome. Peixes que se alimentam de microcrustáceos necessitam ingerir milhares deles a cada abocanhada de alimento.

A massa de matéria orgânica dos organismos em cada nível trófico também pode ser representada por uma pirâmide. Uma pirâmide de biomassa para um ecossistema campal, tal como a pirâmide de números para o mesmo sistema, assume a forma de uma pirâmide ereta. Pirâmides invertidas de biomassa ocorrem somente quando os produtores têm taxas de reprodução muito altas. Por exemplo, nos oceanos a massa atual de fitoplâncton pode ser menor que a biomassa atual de zooplâncton que se alimenta dele.

Como a taxa de crescimento do fitoplâncton é muito maior que a do zooplâncton, a pequena biomassa do primeiro pode fornecer alimento para a grande biomassa do segundo. Este tipo de pirâmide pode supervalorizar indivíduos de grande peso, mas de pouco valor energético, como o caso de caracóis, com suas pesadas conchas calcárias.

A pirâmide de energia representa a quantidade de energia disponível em cada nível trófico de uma teia alimentar. A base é o nível trófico dos produtores, onde a energia química está mais concentrada, e os outros degraus são os níveis tróficos dos consumidores primários, secundários e assim por diante, até o ápice. A largura de cada nível trófico representa a quantidade de energia disponível para o nível trófico seguinte. Como a energia diminui de um nível trófico para o outro, é impossível existir uma teia de energia invertida. Os ecólogos calculam que apenas 10% da energia existente em um nível trófico passa para o posterior. Cerca de 90% do total de calorias é queimado na respiração ou armazenado em estruturas não digeríveis dos organismos consumidores daquele nível. Por isso, os consumidores terciários (carnívoros que se alimentam de carnívoros que, por sua vez, se alimentam de herbívoros) têm reduzida a aproximadamente um milésimo (um décimo vezes um décimo vezes um décimo) da energia armazenada nas plantas consumidoras. Os supercarnívoros, que comem esses carnívoros terciários, estão reduzidos a um décimo disso, ou seja, um décimo milésimo (1/10.000) da energia sintetizada pelo vegetal. Indivíduos que ficam no topo da pirâmide ecológica, tais como o homem, terão de ser consideravelmente grandes, a fim de capturar e comer muitos outros organismos. Mas, mesmo sendo indivíduos maiores, geralmente são menores em número total e biomassa total.

Devido a essa perda progressiva de energia, é muito difícil encontrar em qualquer ecossistema um número maior do que seis níveis tróficos. As teias alimentares dos ecossistemas tropicais tendem a ser mais longas do que as que ocorrem nos ecossistemas temperados. Na faixa tropical do planeta, o número de níveis tróficos é maior, pois há um grande número de espécies, mas com menor número de indivíduos por espécie. Já nas zonas temperadas e frias, a tendência é haver um menor número de níveis tróficos, pois o número de espécies destas regiões é menor, sendo que os consumidores do topo são maiores e mais numerosos, possibilitando uma grande produção de biomassa ao final das teias.

Resumindo, toda a energia acumulada nos produtores primários é utilizada, mas apenas uma parte reduzida atinge os níveis tróficos superiores. Em cada estágio os organismos acumulam energia no corpo, mas também a utilizam para viver, liberando-a na forma de calor, excreção e fezes. A quantidade de energia recebida de um nível trófico é sempre superior ao que será passado para o outro nível trófico. É importante lembrar que a energia nunca pode ser reciclada dentro de um ecossistema, isto é, apenas os materiais brutos, como sais minerais, são reciclados.

Hábitat. Local onde um organismo vive, com todas as condições necessárias e favoráveis ao desenvolvimento, à sobrevivência e à reprodução de sua espécie.

Ambiente físico. Os animais e as plantas sofrem a influência de vários fatores químicos e físicos, dos quais os mais importantes são: luz solar; temperatura; água e solo.

Esses fatores atuam em conjunto sobre os seres vivos. A luz solar fornece a energia radiante usada pelas plantas durante a fotossíntese; aquece o hábitat dos seres vivos; eleva a temperatura da água, aumentando a evaporação e, eventualmente, a precipitação de chuva ou neve; influi no padrão e direção das correntes aéreas e marinhas; altera a velocidade de reações químicas, inclusive das reações bioquímicas dos organismos vivos. A água é o solvente dos minerais do solo, essenciais às plantas, e é um componente básico do corpo de todos os seres vivos. O solo é o substrato onde se apoiam os ecossistemas terrestres e, em alguns casos, ecossistemas litorâneos como os mangues e recifes de corais.

Luz. Praticamente toda a energia existente na Terra provém do sol. A movimentação de massas de ar, na forma de ventos, e de massas de água, na forma de correntes marítimas, bem como a evaporação de mares e rios, são consequências diretas do calor solar. As plantas absorvem energia radiante do sol e, pela ação da clorofila sobre o dióxido de carbono (CO_2) e a água, produzem os carboidratos, ou açúcares. A energia armazenada nesses compostos fornece a energia usada por todos os seres vivos, passando de um organismo a outro através das teias alimentares. Essas relações energéticas encontram-se na base de todos os processos físicos e biológicos, e determinam as atividades dos organismos.

Temperatura. As diferenças de temperatura no universo são de milhares de graus, mas quase toda a vida na Terra só pode existir dentro da escala de 0 °C a 50 °C, ou menos. A tolerância ao calor é influenciada pela umidade e depende, de fato, da capacidade evaporadora do ar ou da percentagem de vapor de água em relação a uma dada temperatura. No ar seco, por exemplo, uma temperatura de 32 °C não é desagradável ao homem, mas a mesma temperatura, associada a alta umidade relativa do ar, é dificilmente tolerada nos trópicos. A temperatura influencia o crescimento, a frutificação e a sobrevivência das plantas, dos quais os heterótrofos se alimentam. Animais heterotérmicos (cuja temperatura acompanha as oscilações do ambiente externo) têm o metabolismo regulado pelo meio ambiente. No caso de animais homeotérmicos (cuja temperatura se mantém), a temperatura do ambiente pode levar a adaptações, como a migração e a hibernação. Os patos selvagens norte-americanos, por exemplo, migram para o hemisfério sul, em regiões próximas ao equador, durante as temperaturas rigorosas do outono e do inverno de seu ambiente natural. Já outros animais, como alguns morcegos e esquilos de chão, hibernam nesse período.

Água. Há um intercâmbio constante de água entre o ar, a terra e os oceanos, bem como entre os organismos vivos e o ambiente. Podemos encontrar água no estado líquido, que forma os oceanos, rios, lagos e lençóis de água subterrâneos; na forma de vapor, que umedece o ar e interfere diretamente nas condições climáticas em ambientes terrestres (microclima); e na forma de gelo, nas geleiras das altas montanhas e nos polos do planeta. A água é o principal componente do corpo dos seres vivos.

Solo. O solo, além de ser um elemento constituinte do ambiente físico, como visto acima, pode ser considerado como um centro principal de organização dos ecossistemas terrestres, pois, em grande parte, os nutrientes são regenerados e reciclados durante a decomposição no solo, antes de se tornarem disponíveis para os produtores primários (plantas). Sem vida, a Terra teria algum tipo de crosta, mas nada como o solo. Assim, o solo não é apenas um fator do ambiente para os organismos, mas também é produzido por eles.

De modo geral, o solo é resultado da ação do clima e dos organismos, especialmente da vegetação e dos micróbios, sobre a rocha-mãe na superfície da Terra. Os espaços entre as partículas do solo são preenchidos com gases e água. A textura e a porosidade do solo são características muito importantes, que determinam sua fertilidade. Assim, biomas como o Cerrado, a Mata Atlântica e a Amazônia são, entre outros fatores, muito influenciados pela composição do solo.

Desenvolvimento sustentável. É um modelo de desenvolvimento que leva em consideração, além dos fatores econômicos, os aspectos sociais e ecológicos de uma dada região. Em sua implantação, são avaliadas as condições ambientais, os recursos disponíveis e as consequências positivas e negativas que a interferência humana terá no local a curto, médio e longo prazo.[11]

Desenvolvimento socialmente sustentável. Desenvolvimento centrado no bem-estar das pessoas, e não na produção econômica. Deve ser adequado aos recursos naturais, ao meio ambiente, à cultura, à história e aos sistemas sociais. Deve ser equitativo e justo. A chave para isso é a participação social, a organização e a educação.[12]

Manejo. É uma forma planejada de interferir no ambiente natural. Compreende procedimentos baseados em conceitos ecológicos, permitindo o uso do ambiente sem provocar alterações na dinâmica das populações ou grande impacto ambiental.[13]

---

[11] VIEZZER e OVALLES, 1995.
[12] Idem.
[13] Idem.

Impacto ambiental. Qualquer alteração drástica de um ambiente, provocada pela ação natural ou humana.[14]

Recurso natural. É o nome dado a todo material retirado da natureza e utilizado pelo ser humano. Os recursos naturais renováveis são aqueles cuja recomposição natural ocorre facilmente e num curto período (por exemplo, a vegetação e a água); os não renováveis são aqueles cuja recomposição não ocorre ou demora muito tempo (por exemplo, o petróleo e os minerais).[15]

---

[14] Idem.
[15] Idem.

Para saber mais sobre o conteúdo deste capítulo

COUTINHO, L. M. O conceito de bioma. *Acta Botânica Brasílica*. Feira de Santana, v. 20, nº 1, p. 13-23, 2006. Disponível em: www.scielo.br/pdf/abb/v20n1/02.pdf. Acesso em: 15 mar. 2013.

DAJOZ, R. *Ecologia geral*. Petrópolis: Vozes, 1983.

ECOLOGIA. São Paulo: Globo, 1994. (Aventura na Ciência.)

FERNANDES, C. O. *Indagações sobre currículo: currículo e avaliação / Cláudia de Oliveira*. Brasília: Ministério da Educação, Secretaria de Educação Básica, 2007.

FONSECA, S. G. Linguagem científica: um caminho de regras para um mundo social e cultural nos discursos. *Recanto das letras* (site). Disponível em: www.recantodasletras.com.br/artigos/2614185. Acesso em: 15 mar. 2013.

KRASILCHIK, M. *Prática de ensino de biologia*. 3ª ed. São Paulo: Harbra, 1996.

MARQUES, K. F. G. *Análise dos saberes, práticas docentes e livros didáticos de geografia do 2º ano do Ensino Médio sobre os conteúdos: ecossistema, biomas e biodiversidade*. Dissertação (mestrado em Geografia) – Universidade de Brasília, Brasília, 2012.

MORTIMER, E. F; CHAGAS, A. N.; ALVARENGA, V. T. Linguagem científica versus linguagem comum nas respostas escritas de vestibulandos. *Investigações em ensino de ciências*. Porto Alegre, v. 3, nº 1, p. 7-19, 3 jan. 1998.

ODUM, E. P; BARRET, G. W. *Fundamentos da ecologia*. 5ª ed. São Paulo: Thomson Learning, 2007.

PARANÁ (PR). Secretaria da Educação do Estado. Núcleo Regional de Educação de Paranaguá. *Conteúdos estruturantes*. Paranaguá, PR, 2012. Disponível em: www.nre.seed.pr.gov.br/paranagua/arquivos/File/ESTRUTURANTES.pdf. Acesso em: 15 mar. 2013.

RIOS, M. A. T. *O litoral como tema de investigação no ensino médio e o desenvolvimento de conteúdos conceituais, procedimentos e atitudes: uma proposta curricular*. 2004. Tese (doutorado em oceanografia biológica) – Instituto Oceanográfico, 2004.

SÃO PAULO (SP). Secretaria da Educação do Estado. Coordenadoria de Estudos e Normas Pedagógicas. *Atividades de biologia*. Coordenação de Norma Cleffi. São Paulo, SP, 1980. 4 v.

VIEZZER, M. L.; OVALLES, O. *Manual latino-americano de educação ambiental*. São Paulo: Gaia, 1995.

WILSON, E. O. *Diversidade da vida*. São Paulo: Companhia das Letras, 1994.

_____. *Biodiversidade*. São Paulo: Nova Fronteira, 1997.

Capítulo 2

Caracterização dos biomas

Como vimos no capítulo anterior, o bioma corresponde a um conjunto de tipos de vegetação que abrange grandes áreas contínuas, em escala regional, com flora e fauna similares, definidas pelas condições físicas predominantes nessas regiões.

Graças à localização geográfica, à extensão, a aspectos litológicos (relacionados às rochas) e à formação geológica, o Brasil é dotado de uma variedade relativamente grande de biomas. O conjunto de fatores abióticos predominantes nesses ambientes vai se refletir sobre vários aspectos do bioma, moldando-o de forma peculiar. Essa é a abordagem que se pretende adotar no presente trabalho. A intenção é a de orientar os alunos, fornecendo a eles os subsídios necessários para compreender que o bioma, representado por suas características e sua biota, é resultante da ação de diversos fatores, assim como qualquer ecossistema. A ideia é enfatizar que a ação desse conjunto é o que determina a biodiversidade de cada ambiente.

Levando em consideração os alunos do segundo ciclo do Ensino Fundamental, os temas selecionados para análise foram: localização, clima, precipitação, temperatura, vegetação e solo. Será verificada a maneira como esses diferentes fatores agem sobre a biodiversidade local.

A seguir, serão abordados os biomas predominantes no Brasil (figura 3), da maior extensão para a menor: a Amazônia, o Cerrado, a Mata Atlântica, a Caatinga, o Pampa e o Pantanal.

Biomas

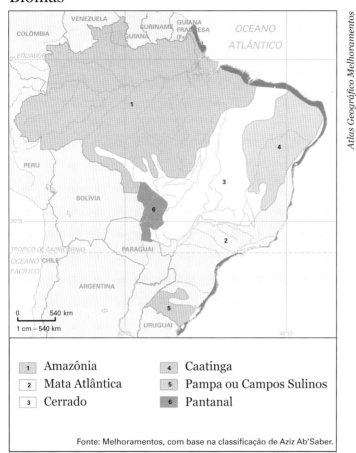

Figura 3. Mapa dos biomas do Brasil, representando cartograficamente a abrangência dos 6 biomas continentais brasileiros, incluindo a área aproximada que ocupa cada um desses conjuntos e a proporção de sua presença nas unidades da federação.

Amazônia

Localização e área

A Amazônia ocupa a região Norte do Brasil, além de partes do Centro-Oeste e do Nordeste, abrangendo quase 50% do território nacional. Esse bioma cobre totalmente cinco Estados (Acre, Amapá, Amazonas, Pará e Roraima), quase totalmente Rondônia (98,8%) e parcialmente Mato Grosso (54%), Maranhão (34%) e Tocantins (9%).

Clima: temperatura, precipitação e umidade

Devido à localização geográfica desse bioma, cortado pela linha do equador, o clima predominante é o equatorial, quente e úmido. A localização explica também os altos valores de radiação solar observados na superfície, levando a temperatura do ar a apresentar pouca variação ao longo do ano, com valores médios situando-se em torno de 25 °C.

A região amazônica apresenta precipitação média de 2.300 milímetros anuais. Sabe-se, contudo, que esse valor não é uniforme, apresentando variações entre as porções oriental, central e ocidental do território. Ao sul, encontra-se uma zona com grande abundância de chuvas, onde a precipitação atinge mais de 2.600 milímetros por ano, mas no noroeste da Amazônia as precipitações anuais são ainda maiores, alcançando mais de 3.600 milímetros por ano. Entre essas faixas ocorrem zonas nas quais as precipitações chegam a ficar abaixo dos 2.000 milímetros, em alguns anos.

Também é possível notar diferenças entre o período chuvoso e o da estiagem em diversas áreas. Na região de Santarém, por exemplo, nas imediações do rio Tapajós, as chuvas podem ficar ausentes durante cerca de quatro semanas seguidas, enquanto no noroeste da Amazônia quase não há diferença entre as épocas mais e menos chuvosas.

Outro aspecto relevante em relação à periodicidade do regime pluvial da Amazônia é a alteração do nível dos rios, que pode alcançar uma elevação superior a 12 metros em algumas regiões, o que influencia o aspecto da vegetação local.

A própria floresta contribui para manter a umidade elevada por quase todo o ano. Cerca de metade da água da chuva que cai na região retorna – por meio da evapotranspiração – diretamente à atmosfera, onde se condensa de novo, e se precipita. Graças a esse fator, muitas pessoas afirmam que o clima local é tão dependente da floresta que, se a região fosse totalmente desmatada, isso teria efeito catastrófico sobre o clima. Apesar de esse assunto ainda não ter sido esgotado completamente, a contribuição da evapotranspiração da Amazônia ao ciclo da água local é sem sombra de dúvida reconhecida.

O que também contribui para garantir o alto grau de umidade durante todo o ano neste bioma é a presença de grande quantidade de rios, a grande maioria pertencente à bacia Amazônica. Esse é também um fator que contribui para o alto grau de umidade durante o ano todo. A maioria desses rios pertence à bacia Amazônica (figura 4), que escoa 20% do volume de água doce do mundo. No território brasileiro encontra-se 60% dessa bacia, que ocupa mais de 40% da América do Sul e 5% da superfície da Terra, com uma área de aproximadamente 6,5 milhões de quilômetros quadrados. Ela é responsável por aproximadamente 70% do total vertido pelos rios do país no oceano Atlântico. Os rios amazônicos podem ser classificados em três tipos: rios de água preta, rios de água branca e rios de água clara.

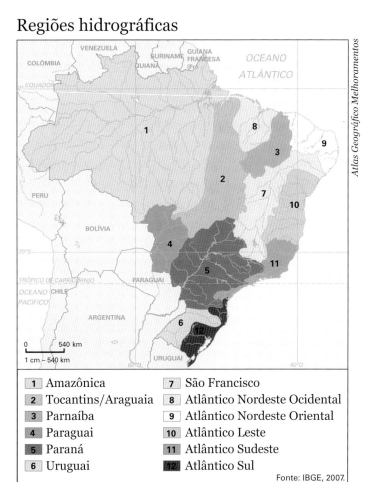

Figura 4. Mapa com as principais bacias hidrográficas brasileiras.

Vegetação

Conforme mencionado anteriormente, a vegetação da Amazônia apresenta aspectos bastante distintos graças à alteração periódica no nível dos rios. E, de acordo com essas diferenças, a vegetação do bioma pode ser dividida em três categorias: mata de terra firme, mata de várzea e mata de igapó (figura 5). Nas regiões mais altas, distantes das áreas inundáveis, encontram-se as matas de terra firme. Cobrindo cerca de

80% da vegetação local, são compostas por árvores de grande porte, com mais de 25 metros de altura, podendo alguns exemplares atingir até 65 metros. Não raro, o conjunto de suas copas forma uma cobertura que impede a penetração direta da luz solar, mantendo constantemente sombreada as camadas inferiores da floresta, o que torna esse ambiente úmido, escuro e pouco oxigenado. Algumas das espécies típicas dessas formações são a castanheira-do-pará, o mogno, o guaraná e diversas espécies de palmeira.

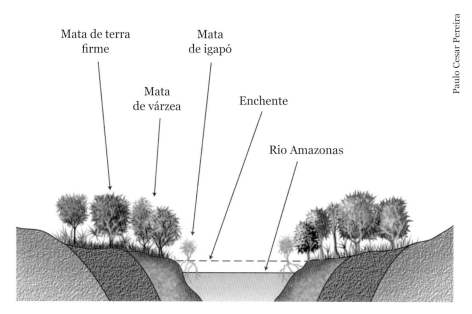

Figura 5. Principais tipos de vegetação presentes no bioma Amazônia classificadas de acordo com sua proximidade em relação aos rios: mata de terra firme, mata de várzea e mata de igapó.

Por outro lado, as áreas alagáveis, associadas à variação anual dos níveis dos rios, cobrem 6% da Amazônia brasileira, sendo classificadas conforme sua fertilidade em várzeas (4%) e igapós (2%). Elas geralmente se situam nas áreas ao longo dos grandes rios, em faixas de largura variável.

As várzeas (figura 5) correspondem às áreas de maior fertilidade, sujeitas à inundação pelos rios de água branca, que carregam grande quantidade de nutrientes. Apresentam árvores maiores – espécies como seringueira, palmeira, jatobá e maçaranduba.

Os igapós (figura 5) são, em contraste, pobres em nutrientes inorgânicos, porém ricos em material orgânico dissolvido em suas águas, que costumam ser extremamente ácidas e ter cor clara ou, mais frequentemente, preta. Algumas das espécies presentes nos ambientes de igapós são mucuri, sumaúma e jauari. Também ocorrem espécies de vegetação baixa, como arbustos, cipós, musgos e plantas aquáticas como a vitória-régia, um dos símbolos da região.

Figura 6. Paisagem típica do bioma Amazônia.

Solo

O solo da Amazônia costuma ser descrito como arenoso. Em associação a essa ideia, é comum o equívoco de que, caso fosse eliminada a floresta, a Amazônia se transformaria num imenso deserto. No entanto, estudos mais aprofundados indicam que apenas 7% da área é ocupada por solos arenosos, ou seja, por solos que apresentam menos de 15% de argila. O restante da região (93%) é majoritariamente ocupado por solos com uma porção de argila superior a 15% e que, portanto, não podem ser considerados como arenosos. Isso, porém, não significa que se trata de um solo de boa qualidade para as plantas. De fato, apenas 14% da Amazônia é ocupada por solos muito férteis, enquanto o restante (86%) apresenta quantidade reduzida de nutrientes. O que garante a fertilidade do solo, e consequentemente a exuberância da floresta Amazônica, é a constante queda de folhas, ramos e frutos que, com a degradação, formam o húmus, matéria orgânica essencial para as plantas em geral. Portanto, a reciclagem de nutrientes é constante nesse bioma. Aliada a outros fatores, como a intensa radiação solar e a água em abundância, essa reciclagem de nutrientes favorece a fotossíntese, contribuindo para a formação e a manutenção da floresta. Contudo, essa camada de húmus é bastante instável e em áreas desmatadas ela é removida do solo, pelo processo denominado lixiviação. Mais adiante, o projeto de confecção de um terrário (detalhado no capítulo 4, p. 128) fornecerá uma boa plataforma para que a turma discuta melhor essa relação entre a fertilidade do solo e a produtividade vegetal.

Diversidade

Devido à variabilidade de regimes pluviométricos e à grande extensão territorial, encontra-se na bacia Amazônica uma grande variedade de sistemas naturais, que resulta em alta complexidade ecológica. A consequência disso é uma imensa biodiversidade, raramente encontrada em outros ecossistemas planetários.

O bioma Amazônia abriga pelo menos 21 mil espécies de angiospermas já catalogadas, sem contar os outros grupos de plantas.

Quanto à fauna, um dos grupos que mais se destaca em termos de diversidade é o das aves, que contribui com 1.300 espécies, das quais aproximadamente 30% são endêmicas, ou seja, exclusivas do bioma. Dessa imensa quantidade, do total das aves presentes, podemos destacar mutuns, inhambus, araras, papagaios, periquitos, tucanos, araçaris e muitas espécies de passarinhos.

Outro grupo, que também apresenta cerca de 1.300 espécies, é o dos peixes. Entre elas encontram-se muitas espécies de interesse comercial, como o pirarucu, o tucunaré, o filhote, o aruanã, o curimatá, o dourado, o tambaqui e o pacu.

Entre os mamíferos são catalogadas 310 espécies, sendo mais da metade endêmicas. Os morcegos e os roedores, como as capivaras, as cutias, os musaranhos e os camundongos, são os grupos com maior número de espécies. Os primatas constituem o grupo de mamíferos mais bem conhecido da Amazônia, que inclui o macaco-aranha, o macaco-prego e os saguis; ainda assim, nos últimos anos várias espécies têm sido descobertas, entre as quais o sagui-anão-da-coroa-preta e o sauim-de-cara-branca. Podemos destacar também onças, suçuaranas e antas, entre os mamíferos mais conhecidos.

Contudo, o grupo com maior grau de endemismo é o dos répteis, que apresenta um total de 250 espécies, representando cerca de dois terços das espécies locais. Mais da metade dessas espécies é de cobras; o segundo maior grupo é o dos lagartos. Alguns desses animais são peçonhentos, como por exemplo jararacas, cascavéis (encontradas apenas nas regiões de campos) e cobras corais, entre muitos outros. Apesar do grande esforço científico investido nos últimos anos, envolvendo zoólogos, botânicos e demais especialistas, é bem provável que ainda existam muitas espécies não identificadas na região. Apesar disso, podemos afirmar que já temos uma visão geral da estrutura da fauna e da flora amazônicas.

Por último, os anfíbios apresentam duzentas espécies neste bioma, com sapos, rãs e pererecas, sendo que algumas delas têm a particularidade de produzir toxinas potentes na pele. Como exemplo, podemos citar a rã-da-flecha-venenosa, cujo nome deriva do fato de que os índios costumam usá-la para envenenar suas flechas e seus dardos de zarabatana. A toxicidade dessas espécies de anfíbios da Amazônia ficou mundialmente conhecida quando foi divulgada a enfermidade do naturalista Augusto Ruschi, famoso por sua luta pela preservação ambiental. Segundo os relatos da época, o naturalista adoeceu devido ao contato direto com anfíbios dessa família (*Dendrobatidae*). A causa da enfermidade foi contestada posteriormente, mas não a propriedade de produção de potentes substâncias tóxicas por esses anfíbios.

Cerrado

Localização e área

O Cerrado é o segundo maior bioma da América do Sul, com 2.036.448 km² de área, cerca de 24% do território nacional (figura 3, p. 41). Está presente nas regiões Centro-Oeste, Norte e Nordeste, ocupando totalmente o Distrito Federal e boa parte de Goiás (97%), de Tocantins (91%), do Maranhão (65%), do Mato Grosso do Sul (61%) e de Minas Gerais (57%), além de cobrir áreas menores de Amazonas, Mato Grosso, São Paulo, Paraná, Paraíba e Pernambuco.

Clima: temperatura, precipitação e umidade

O clima predominante no domínio do Cerrado é o tropical sazonal, com duas estações bem marcadas: inverno seco e verão chuvoso. A temperatura média anual fica próxima de 23 ºC, e as máximas chegam a 40 ºC no verão. Os meses mais frios são junho e julho, com temperaturas que variam de 10 ºC a 20 ºC, embora eventuais geadas (causadas por um frio mais intenso do que esses valores) no Cerrado não sejam um fato incomum, ao menos em sua porção sul.

Em geral, a precipitação média anual oscila em torno de 1.300 milímetros anuais. A estação seca começa em abril e continua até setembro. Nessa estação, os ventos predominantes são de leste ou de sudeste e as tempestades são muito raras. Os meses mais chuvosos são novembro, dezembro e janeiro. A falta de água é um dos fatores limitantes do Cerrado, devido à má distribuição das chuvas, à intensa evapotranspiração e às características dos solos, que apresentam baixa capacidade de retenção de água e alta velocidade de infiltração. Contudo, a rede hidrográfica do Cerrado apresenta características bastante diferenciadas em comparação a outros grandes ecossistemas brasileiros, devido a sua localização, extensão territorial e diversidade. Nesse bioma nascem três das maiores bacias da América do Sul: as bacias do São Francisco, do Tocantins-Araguaia e do Paraná (figura 4, p. 44). Todos os biomas brasileiros recebem parte da água originária de nascentes localizadas na região do Cerrado. A partir desses cursos de água, espécies de diferentes biomas brasileiros podem ter migrado para o centro do país, o que pode explicar a riqueza de espécies e o endemismo da região. Por outro lado, a vegetação de Cerrado também está presente na Amazônia, no Nordeste e no Brasil Central, em locais onde a estação seca dura de quatro a cinco meses. Ocorre também em determinadas localidades das regiões Sudeste e Sul, onde as precipitações são menores e as temperaturas médias muito inferiores, com possibilidade de geadas.

O fato de ser uma região divisora de bacias, porém, traz como desvantagem a escassez de rios de grande porte. O planalto Central brasileiro, por ser uma região de altitude elevada em comparação com o restante do país, apresenta grande quantidade de nascentes e corpos hídricos de tamanho pequeno e intermediário, ocorrendo o escoamento da água para os biomas adjacentes. Assim, a existência de rios não garante um ambiente onde a água seja um recurso visivelmente abundante. De fato, no Cerrado não há grandes quantidades de água de superfície. A maior reserva hídrica local se encontra em camadas mais profundas, ou seja, nos lençóis freáticos.

Vegetação

Uma das características do Cerrado é a vasta heterogeneidade de ambientes, que vão de campos limpos desprovidos de vegetação lenhosa ao cerradão, que é uma formação arbórea densa (figura 7). A região é permeada por matas ciliares e veredas, que acompanham os cursos de água. Atualmente, menos de

2% das matas e veredas se encontram protegidas sob a forma de parques ou reservas. O que é tipicamente conhecido como Cerrado é caracterizado por pequenas árvores, com troncos torcidos e recurvados e folhas grossas, espaçadas em meio a uma vegetação rala e rasteira (figura 8), como o barbatimão, o pau-santo, a gabiroba, o pequizeiro, o araçá, a sucupira, o pau-terra, a catuaba e o indaiá. Abaixo dessas árvores, é comum crescerem diferentes tipos de capim, como o capim-flecha, que pode atingir até 2,5 metros de altura. Matas ciliares ou de galeria, formadas por matas compactas, de árvores maiores, margeiam os cursos de água neste bioma. Nos brejos, próximos às nascentes de água, os buritizais dominam a paisagem, formando as conhecidas veredas. É possível concluir, portanto, que o bioma Cerrado é bastante diversificado em termos de vegetação: apresenta, além das paisagens típicas, matas de galeria e áreas campestres.

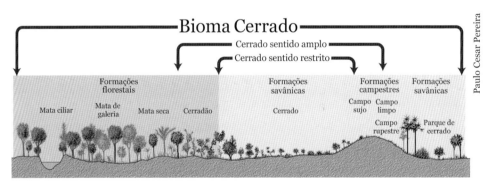

Figura 7. Esquema representando todos os tipos de vegetação do bioma Cerrado.

Figura 8. Vegetação típica do bioma Cerrado (Cerrado sentido restrito).

Solo

Originando-se de espessas camadas de sedimentos, os solos do Cerrado são geralmente profundos, de cor vermelha ou vermelho-amarelada, porosos, permeáveis, bem drenados e, por isso, intensamente lixiviados. Em sua textura predomina, em geral, a fração areia, vindo em seguida a argila e, por último, o silte. Sendo assim, o solo é predominantemente arenoso, arenoargiloso, argiloarenoso ou, eventualmente, argiloso. Sua capacidade de retenção de água, portanto, é relativamente baixa. O teor de matéria orgânica destes solos também é pequeno, ficando geralmente entre 3% e 5%. Como o clima é sazonal e tem um longo período de seca, a decomposição do húmus é lenta. Quanto às características químicas, os solos são bastante ácidos, devido principalmente aos elevados níveis de alumínio, ferro e manganês.

A acidez e a falta de fertilidade são razões que fazem o solo do Cerrado ser considerado impróprio para a agricultura. Ainda assim, o bioma tornou-se a grande área de expansão agrícola e pecuária de nosso país nas últimas décadas, devido à aplicação intensiva de calcário (para correção do pH do solo) e adubação adequada. Estados como Goiás, Minas Gerais e Mato Grosso do Sul se tornaram grandes produtores de soja, milho, sorgo e feijão, além de frutas como manga, abacate, abacaxi e laranja.

Em resumo, os solos do Cerrado são predominantemente antigos, fortemente intemperizados, ácidos, profundos e bem drenados. Têm baixa fertilidade natural e apresentam elevada concentração de metais.

Diversidade

Conforme citado anteriormente, existe uma variedade de ecossistemas que compartilham a paisagem do Cerrado. Isso favorece a diversidade biológica, não só de espécies vegetais, mas também de animais.

O Cerrado é um bioma com grande diversidade, abrigando mais de 10 mil espécies de plantas já catalogadas, sendo que quase a metade delas é endêmica. Cerca de 195 espécies de mamíferos são conhecidas. No grupo das aves, existe um número relativamente alto de espécies, 610. Mesmo assim, tanto as aves como os mamíferos apresentam baixo endemismo na região. Quanto aos peixes, além de uma diversidade grande, com duzentas espécies, o endemismo é elevado (40%). O grupo dos répteis é bastante diversificado, com 225 espécies, sendo 15% exclusivas do Cerrado. A diversidade dos anfíbios corresponde a cerca de 160 espécies, das quais

20% são endêmicas. A diversidade do Cerrado só é inferior à do bioma Amazônia e à da Mata Atlântica. Por outro lado, como já citamos, o Cerrado é um bioma bastante heterogêneo em sua formação. Muitas espécies do sul da região não são encontradas no norte, portanto é fundamental que as unidades de conservação sejam estabelecidas levando em consideração as diferenças locais e sejam representativas das diferentes comunidades ecológicas, a fim de garantir a preservação do maior número de espécies da flora e da fauna associadas a esse bioma.

Embora existam diversos projetos que visam à identificação das espécies do Cerrado, a fauna local ainda é pouco conhecida, especialmente a dos invertebrados. Dentre esses, devem ser aprofundados os estudos da diversidade dos insetos. Por outro lado, os vertebrados de grande porte do Cerrado são bem conhecidos. Destacamos alguns répteis como a jiboia, a cascavel, várias espécies de jararaca e o lagarto teiú; aves como a ema (a maior do continente), a seriema, a curicaca, o urubu-caçador, o urubu-rei, araras, tucanos, papagaios e gaviões. Entre os mamíferos merecem destaque os tatus (tatu-peba, tatu-galinha, tatu-canastra e tatu-de-rabo-mole), os tamanduás (tamanduá-bandeira, tamanduá-mirim), o veado-campeiro, o cateto, a anta, o cachorro-do-mato, o cachorro-vinagre, o lobo-guará, a jaritataca e o gato-mourisco.

Mata Atlântica

Localização e área

A Mata Atlântica engloba uma área de 1.306.000 quilômetros quadrados, cerca de 15% do território nacional, correspondendo à segunda floresta tropical em tamanho, depois da Amazônica. Localiza-se sobre serras montanhosas que se estendem ao longo da costa brasileira, do Rio Grande do Norte ao Rio Grande do Sul, cobrindo total ou parcialmente dezessete estados: Rio Grande do Sul, Santa Catarina, Paraná, São Paulo, Goiás, Mato Grosso do Sul, Rio de Janeiro, Minas Gerais, Espírito Santo, Bahia, Alagoas, Sergipe, Paraíba, Pernambuco, Rio Grande do Norte, Ceará e Piauí (figura 3, p. 41). Presente em diferentes regiões do país, encontramos nesse bioma vários ecossistemas, contendo particularidades relacionadas a fauna, vegetação, solo, relevo e características climáticas. Por outro lado, existem alguns elementos comuns a todas as regiões de Mata Atlântica que a caracterizam como um bioma específico; um exemplo é o alto grau de umidade.

Clima: temperatura, precipitação e umidade

Como ocupa praticamente todo litoral brasileiro, a Mata Atlântica está submetida a climas diferentes, de acordo com cada região. O sul do bioma, por exemplo, é marcado pelo clima subtropical úmido; já as regiões muito próximas à Caatinga têm características do clima semiárido, enquanto as demais localidades apresentam clima tropical. Apesar dessa variabilidade, todas as regiões da Mata Atlântica são extremamente úmidas e apresentam temperaturas médias elevadas durante o ano todo.

A temperatura do ar varia de acordo com a região; contudo, a média anual oscila por volta de 25 ºC. Uma das principais características da Mata Atlântica é o alto teor de umidade, consequência direta de um alto índice pluviométrico. Em média, esse índice oscila em torno de 2.500 milímetros por ano, podendo chegar a 4.000 milímetros por ano, o que a coloca entre as florestas pluviais do planeta (pluvial = relativo à chuva). A precipitação é um fator abiótico determinante nas condições ambientais de um bioma. Além do efeito direto sobre o balanço hídrico, afeta variáveis, como temperatura do ar e do solo, umidade relativa e radiação solar, que em conjunto atuam como fatores básicos para o crescimento e o desenvolvimento das plantas.

Uma das razões para o alto volume de precipitação é a formação montanhosa que acompanha a costa do oceano Atlântico, que retém a umidade do mar, formando nuvens sobre as encostas. Em São Paulo essa formação rochosa é conhecida como serra do Mar. Sua altitude média fica ao redor dos 900 metros. Em certos trechos é bastante larga, mas em outros torna-se estreita. Afasta-se do mar em alguns pontos, aproximando-se dele em outros.

O relevo acidentado da região, somado aos ventos carregados de umidade, que sopram de forma constante do mar em direção ao continente, contribuem para o alto índice pluviométrico no bioma. Essas massas de ar úmidas, quando encontram a barreira das montanhas que formam a serra do Mar, são obrigadas a subir, atingindo as altas camadas da atmosfera (figura 9). Como consequência das baixas temperaturas nessas camadas, a umidade se condensa e se transforma em chuva. Portanto, a altitude também influi no volume das chuvas. A intensidade da chuva que cai na Mata Atlântica, somada ao relevo acidentado da região, cria uma rede de drenagem que alimenta rios perenes. Dependendo da quantidade de chuva, ocorrem mudanças nos cursos desses rios, resultando na erosão de suas margens externas e no acúmulo de sedimento nas margens internas. Entre os grandes rios que atravessam o bioma estão o São Francisco, o Doce, o Paraíba do Sul, o Tietê, o Paraná, o Ribeira de Iguape e o Paranapanema.

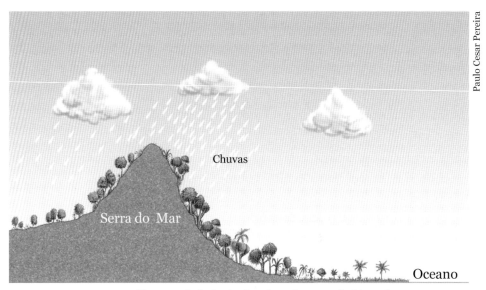

Figura 9. Influência do relevo da serra do Mar sobre a precipitação na região da Mata Atlântica.

A partir da mudança de curso, também podem ser formadas lagoas de água doce, brejos e lagunas de água salobra (próximas ao mar). Esses rios alimentados pela chuva são chamados "rios de água clara". Também existem os "rios de água preta", formados por cursos de água lentos que drenam as planícies das restingas e mangues, recebendo grande quantidade de matéria orgânica ainda em decomposição, o que lhes confere a coloração escura. São rios que formam os estuários e, portanto, possuem relação com a água salgada, dependendo das condições da maré e da época do ano.

Vegetação

Apesar de a região ocupada pela Mata Atlântica estar submetida a um clima geral, conforme descrito anteriormente, dentro da floresta ocorrem diversos microclimas, de acordo com a variação de fatores abióticos como teor de oxigênio, luz, umidade e temperatura. Essas condições ambientais variam entre o nível do chão e a altura da copa das árvores, o que se reflete em formações vegetais específicas (figura 10), de acordo com as adaptações para cada situação. Esse conjunto de fatores abióticos prevalecentes e as respectivas espécies vegetais adaptadas a eles correspondem a diferentes estratos verticais bem característicos (figura 11).

Figura 10. Vegetação típica do bioma Mata Atlântica.

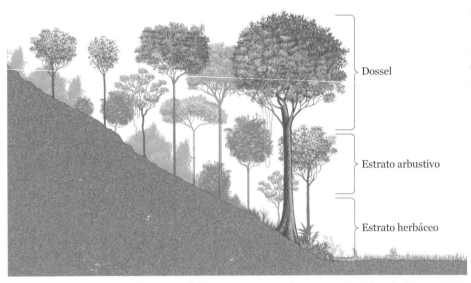

Figura 11. Diferentes estratos da vegetação típica do bioma Mata Atlântica.

O estrato superior, que recebe a maior intensidade de luz solar, é chamado de dossel. Essa camada tem o predomínio de árvores adultas de grande porte (20 a 30 metros de altura) de uma variedade grande de espécies. Entre as mais comuns, é possível destacar: manacá-da-serra, pau-brasil, cedro, canela, ipê, jacarandá, jatobá e jequitibá. Nesse estrato as árvores apresentam crescimento rápido do caule despido de galhos laterais, o que lhes permite alcançar alturas que favorecem o recebimento de luz solar. Além das árvores de grande porte, são muito comuns nesse estrato vários tipos de trepadeiras, plantas que germinam no solo e crescem, em direção à luz abundante disponível sobre o dossel, apoiadas em algum tipo de suporte para se manterem eretas. A categoria das trepadeiras inclui plantas de praticamente todos os grupos vegetais, como pteridófitas, gimnospermas e angiospermas. Elas podem ser herbáceas ou lenhosas, isto é, com um caule que se assemelha à madeira. Ao alcançar o dossel, as trepadeiras se espalham de árvore em árvore; em algumas florestas, suas folhas podem corresponder a 40% desse estrato.

Abaixo do dossel se encontra o estrato arbustivo, composto por espécies arbóreas adaptadas à baixa intensidade luminosa. Algumas das principais espécies desse ambiente são a jabuticabeira e o palmito-juçara, além de outras palmeiras. Ocorrem também trepadeiras e plantas epífitas, como bromélias e orquídeas, que crescem sobre outras, utilizando troncos e folhas como substrato de fixação. Esse comportamento é um mecanismo de adaptação para captar luz solar. Entretanto, pelo fato de não serem fixadas diretamente no solo, suas fontes de água são apenas as chuvas e a umidade do ar. Um dos ajustes para contornar esse problema é observado na bromélia, que forma uma espécie de reservatório com suas próprias folhas para armazenar a água da chuva.

No chão da floresta se encontra o estrato herbáceo, a camada inferior e mais próxima do solo, onde a luminosidade é reduzida, por ser filtrada pelo dossel. Esse ambiente é ocupado por arbustos de pequeno porte, ervas, gramíneas, musgos e brotos de plantas dos outros estratos. As plantas dos estratos inferiores normalmente possuem folhas maiores, para aumentar a superfície de captação de luz. Nesse local vivem também inúmeras espécies de fungos, como orelha-de-pau, e outros decompositores.

Em locais bastante úmidos, tanto no estrato arbustivo quanto no herbáceo, musgos (briófitas) e samambaias (pteridófitas) também são comuns, habitando superfícies rochosas ou troncos de árvores.

Além da falta de luz, alguns ambientes da floresta apresentam excesso de água. Os organismos que ali vivem devem ser adaptados a essa situação. Muitas plantas possuem folhas que evitam a retenção de água por meio de sua inclinação ou de formatos pontiagudos, além de conter camadas de cera e sulcos que facilitam o escoamento da água.

Solo

O solo da Mata Atlântica é pobre, pois é raso, ácido, pouco oxigenado, sempre úmido e, como vimos anteriormente, pouco iluminado. Por outro lado, sua fertilidade é garantida por uma camada de restos de vegetação, como folhas, caules e cascas de frutos, que cobre a superfície do solo, chamada de serapilheira. A decomposição dessa grande quantidade de matéria orgânica é o que garante a reciclagem de nutrientes no bioma.

A chuva contribui decisivamente para o processo de decomposição da serapilheira. Ao umedecê-la, acelera o processo de reciclagem realizado por micro-organismos decompositores, como fungos e bactérias. Somados a esses, a atividade de invertebrados, como minhocas e alguns besouros, resulta em maior aeração do solo, facilitando a absorção de água e sais minerais, além de auxiliar na formação do húmus, material rico em nutrientes. Assim, os nutrientes originados na serapilheira podem ser absorvidos pelas plantas, em um ciclo que é responsável por proporcionar a exuberância da vegetação no bioma.

Outro fator responsável pela renovação do solo é que ele é raso e encharcado. Essa característica provoca deslizamentos e erosão nas partes mais altas e deposição de material nas porções baixas. Isso, por sua vez, forma grandes clareiras, favorecendo o aparecimento de novas plantas.

Diversidade

É um dos ecossistemas de maior biodiversidade do planeta, mas, por outro lado, também é um dos ambientes mais ameaçados da Terra. Mesmo reduzida e muito fragmentada, estima-se que a Mata Atlântica represente cerca de 36% das espécies de plantas existentes no Brasil, muitas delas endêmicas (o endemismo no bioma chega a 40%) e ameaçadas de extinção. Considerando apenas as angiospermas, estima-se que existam cerca de 21 mil espécies nesse bioma. Essa diversidade é consideravelmente maior que a de alguns continentes inteiros. Para termos uma ideia, na América do Norte foram catalogadas 17 mil espécies, enquanto que na Europa encontram-se 12.500.

Por isso, a região da Mata Atlântica é considerada altamente prioritária para a conservação da biodiversidade mundial. Seja por sua riqueza, seja pela constante pressão que esse ambiente vem sofrendo, correndo sérios riscos de extinção, a mata Atlântica foi decretada como reserva da biosfera pela Unesco e patrimônio nacional pela Constituição Federal de 1988.

A fauna da Mata Atlântica é uma das mais ricas em diversidade de espécies, tendo ainda uma grande representatividade em termos de endemismo. Os animais exercem papel fundamental na diversidade da vegetação, devido a sua importância na polinização de flores e na dispersão de frutos e sementes.

Em termos de riqueza de espécies, o bioma apresenta uma das mais elevadas diversidades de aves do planeta, com mil espécies, sendo 18% endêmicas e quase 10% ameaçadas de extinção. Possui 264 espécies de mamíferos, sendo 27% endêmicas, com a possibilidade de existirem espécies ainda desconhecidas.

A Mata Atlântica concentra 456 espécies de anfíbios, com alto grau de endemismo (cerca de 62%). Possui também 210 espécies de répteis, que, em grande parte, têm ampla distribuição geográfica, ocorrendo também na Amazônia, no Cerrado e na Caatinga. No entanto, 30% correspondem a espécies endêmicas, como o jacaré-de-papo-amarelo (*Caiman latirostris*). O número total de espécies de peixes é 350; destas, 38% são endêmicas. Alguns representantes da fauna da Mata Atlântica que merecem destaque são: mico-leão-dourado, onça-pintada, mono-carvoeiro (ou muriqui), preguiça, araponga, jacutinga e macuco.

Caatinga

Localização e área

A Caatinga é um bioma exclusivamente brasileiro, com biodiversidade adaptada às altas temperaturas e à falta de água. O nome "caatinga" é de origem tupi e significa "mata branca", o que caracteriza bem o aspecto da vegetação na estação seca, quando as folhas caem e apenas os troncos brancos e brilhosos das árvores e arbustos permanecem na paisagem. Esse bioma ocupa uma área de 826.411 quilômetros quadrados e apresenta flora e fauna ricas em endemismo. Ocorre na região Nordeste do Brasil, ocupando totalmente o Estado do Ceará e parte do Rio Grande do Norte (95%), da Paraíba (92%), de Pernambuco (83%), do Piauí (63%), da Bahia (54%), de Sergipe (49%), do Alagoas (48%) e do Maranhão (1%). Ocupa também o norte de Minas Gerais (2%), totalizando cerca de 10% do território nacional (figura 3, p. 41). No interior, o sertão nordestino, ocorre a vegetação mais rala do semiárido, a Caatinga propriamente dita. As áreas mais elevadas, sujeitas a secas menos intensas e localizadas mais próximo do litoral, são chamadas de agreste. A área de transição entre a Caatinga e a Amazônia é conhecida como meio-norte ou zona (ou mata) dos Cocais.

Clima: temperatura, precipitação e umidade

O clima da região de ocorrência da Caatinga é semiárido. Quando comparado a outras formações brasileiras, apresenta muitas características extremas, entre as quais: elevada radiação solar, baixa nebulosidade, a mais alta temperatura média anual, as mais baixas taxas de umidade relativa e, sobretudo, baixos níveis de precipitação pluviométrica. Os períodos de ausência de chuva são longos, podendo chegar a oito ou nove meses por ano, dependendo da localidade.

Conforme citado anteriormente, as temperaturas médias anuais são bastante elevadas, com um valor médio próximo de 28 ºC. Em algumas áreas de maior altitude dos Estados do Ceará, da Bahia e de Pernambuco, são registradas variações entre 23 ºC e 25 ºC. As oscilações térmicas da região são mais afetadas pela altitude que por alterações na insolação, constante ao longo do ano. Os meses de maio a agosto são os que apresentam menores valores de temperatura, principalmente na porção central do bioma. Nas proximidades do equador, os valores são mais elevados durante todo o ano. Além disso, a área da Caatinga apresenta umidade relativa baixa, com valores próximos a 50% e ventos fortes e secos que, associados aos demais elementos climáticos, determinam a aridez da paisagem. Uma das principais características do semiárido brasileiro é a falta de água, embora seja mais chuvoso que regiões do planeta com climas similares. Porém, se comparada às outras regiões do Brasil, a média pluviométrica é bem reduzida, oscilando em torno de 600 milímetros anuais na área como um todo. A questão-chave é que as chuvas são irregulares no tempo e no espaço, basicamente explicadas pela variabilidade do relevo local. Embora predominantemente plana, há locais com altitudes maiores, determinando diferenças climáticas regionais. Outro fator é a maior ou menor distância do oceano. Os locais mais próximos do mar recebem a influência das frentes frias e, consequentemente, maiores índices pluviométricos. Percebe-se um gradiente pluviométrico do litoral para o interior, com redução nos totais anuais de chuva nessa direção. Por exemplo, há registros de precipitação superior a 1.000 milímetros no litoral leste e inferior a 500 milímetros no interior dessa mesma região. Contudo, podem ser observados valores próximos a 1.500 milímetros no interior do semiárido, em áreas que coincidem com microclimas específicos, resultantes da presença de serras e montanhas. Tamanha variação climática exerce influência decisiva sobre a diversidade e a distribuição das espécies que compõem a Caatinga.

Vale destacar também que a elevada intensidade de radiação solar, associada à irregularidade do regime pluviométrico, contribui fortemente para uma rápida e intensa evaporação da água. Essas altas taxas de evaporação que ocorrem no semiárido brasileiro, tanto em superfícies de água (açudes, represas etc.) como no solo, representam uma perda significativa na disponibilidade hídrica para o crescimento e o desenvolvimento das espécies. De fato, muitos cursos de rios secam em determinadas épocas, o que reduz a disponibilidade de água para os seres vivos como um todo. Essa ausência de reservas superficiais de água também contribui para aumentar a aridez do bioma.

Vegetação

A vegetação da Caatinga tem o predomínio de espécies xerófitas, ou seja, com mecanismos que permitem a sobrevivência em um ambiente com poucas chuvas e baixa umidade. O aspecto geral pode ser descrito como um tipo de floresta de porte baixo, que apresenta árvores com ramificação profusa, com formato de pirâmide invertida. A maior parte das plantas é caducifólia (perde as folhas na estação seca) e apresenta espinhos, folhas pequenas e finas, cutículas impermeáveis, sistemas de armazenamento de água em raízes e caules modificados e mecanismos fisiológicos adaptados às condições climáticas da região, como o fechamento dos estômatos nas horas mais quentes do dia. A suculência é outra característica desse tipo de vegetação, que pode ser registrada principalmente em cactos e bromélias. Espinhos estão presentes em muitas espécies vegetais. Nos cactos, por exemplo, eles são folhas modificadas resultantes do processo evolutivo, uma adaptação que minimiza a perda de água por transpiração (figura 12).

Figura 12. Vegetação típica do bioma Caatinga.

A composição da flora da Caatinga não é uniforme e pode variar de acordo com o volume das chuvas, dos tipos de solo, da rede hidrográfica e da ação antrópica. Por exemplo, durante o período de seca, quando o ambiente se mantém árido, a paisagem é dominada por uma vegetação aparentemente morta, sem folhas nem verde, composta apenas de caules e troncos secos e retorcidos. Entretanto, em época de chuva, a caatinga muda de aspecto: a paisagem fica verde e aparecem as flores. Algumas espécies desse bioma são os espinheiros, os gravatás, as cactáceas e os xiquexiques.

Solo

O solo da Caatinga é raso, pedregoso, alcalino, e não armazena a chuva que cai. É rico em minerais, mas pobre em matéria orgânica, uma vez que a decomposição dessa matéria é prejudicada pelo calor e pela luminosidade, intensos durante praticamente todo o ano. Fragmentos de rochas são frequentes na superfície, o que dá ao solo um aspecto pedregoso.

A presença de minerais no solo da Caatinga é garantia de fertilidade em um ambiente que sofre com a falta de chuvas. Por isso, nos poucos meses em que a chuva cai, algumas regiões secas rapidamente se transformam, dando espaço a árvores verdes e gramíneas. No entanto, em alguns locais ocorre a salinização do solo, devido à intensa evaporação ocorrida durante a estação seca, que leva as temperaturas do solo a até 60 °C.[16]

Biodiversidade

Considerando a região como um todo, até o momento foram registradas 1.511 espécies vegetais, das quais aproximadamente 380 são endêmicas. Grande parte delas pertence ao grupo das leguminosas. Só as angiospermas somam aproximadamente mil espécies, sendo

---
[16] O projeto de confecção de um terrário (detalhado no capítulo 4, p. 128) é uma boa forma para discutir melhor a relação entre a característica do solo e a produtividade vegetal, além da adaptação das espécies.

40% endêmicas. O estrato herbáceo, presente principalmente na estação chuvosa, apresenta uma diversidade de espécies que desempenha um papel importante para o desenvolvimento sustentável regional, devido ao seu valor forrageiro, medicinal e apícola. As gramíneas, as malvas, as leguminosas e as jetiranas se destacam como os grupos mais representativos desse estrato.

A fauna da Caatinga é representada por grupos diversificados e ricos em endemismos. Assim como as plantas, os animais são adaptados às condições da região: têm hábitos noturnos e comportamento migratório. Algumas espécies, como os sapos, podem passar pelo processo de estivação, para enfrentar o calor seco excessivo. Elas fazem covas no solo, onde a temperatura permanece fria, e ali permanecem. Assim, reduzem sua atividade metabólica, de maneira similar à hibernação.

A escassez de água é um obstáculo para a existência de grandes mamíferos na região, embora sejam encontrados cachorros-do-mato e outros animais que se alimentam principalmente de roedores. A temporada das chuvas, no início do ano, traz uma nova paisagem para a Caatinga. As árvores ficam repletas de folhas e no solo crescem pequenas plantas, o que favorece o desenvolvimento da comunidade biológica. Entre os principais representantes da fauna desse bioma, é possível destacar algumas aves, das quais vinte já se encontram na lista das ameaçadas de extinção, entre elas a ararinha-azul (*Cyanopsitta spixii*) – da qual só restam algumas dezenas de indivíduos em cativeiro – e a arara-azul-de-lear (*Anodorhynchus leari*). Outros animais representativos da fauna deste bioma são: sapo-cururu, asa-branca, cutia, gambá, preá, veado--catingueiro, tatu-peba e sagui-do-nordeste.

Em termos de biodiversidade da fauna, o bioma abriga por volta de 148 espécies de mamíferos, sendo 7% de espécies endêmicas. Quanto às aves, há aproximadamente 510 espécies, das quais 3%

são endêmicas. A fauna também é composta por 90 espécies de répteis e 51 de anfíbios. Já os peixes formam um grupo bastante diverso (240 espécies), que apresenta o maior grau de endemismo (62%) do bioma.

Pampa (Campos Sulinos)

Localização e área

De maneira genérica, os campos da região Sul do Brasil são denominados como "pampa", termo de origem indígena para "região plana". Esta denominação, no entanto, corresponde somente a um dos tipos de campo, mais encontrado no sul do Estado do Rio Grande do Sul (figura 3, p. 41), bem como no Uruguai e na Argentina. O bioma, como um todo, é uma das áreas de campos temperados mais importantes do planeta. Cerca de 25% da superfície terrestre abrange regiões cuja fisionomia se caracteriza por cobertura vegetal com predominância de campos. No entanto, esses ecossistemas estão entre os menos protegidos em todo o planeta. Em relação às áreas naturais protegidas no Brasil, o Pampa é o bioma que tem menor representatividade no Sistema Nacional de Unidades de Conservação (SNUC): conta com apenas 0,4% da área continental brasileira protegida por unidades de conservação.

Na América do Sul, os campos – incluindo o Pampa – compreendem uma área de aproximadamente 750 mil quilômetros quadrados, divididos entre Brasil, Uruguai e Argentina. No Brasil, restringem--se ao Estado do Rio Grande do Sul, onde ocupam uma área de 176.496 quilômetros quadrados, praticamente dois terços do território estadual e 2% do solo brasileiro. As paisagens naturais do Pampa são variadas: de serras a planícies, de morros rupestres a coxilhas (colinas localizadas em regiões de campos, com pequena ou grande elevação e, em geral, cobertas de pastagem).

Clima: temperatura, precipitação e umidade

O Pampa é caracterizado por clima chuvoso, sem período seco sistemático, mas marcado pela frequência de frentes polares e pela ocorrência de temperaturas negativas no período de inverno.

A temperatura média anual fica em torno de 15 °C, com máximas de 35 °C no verão. Os meses mais frios são junho e julho, com temperaturas que podem chegar a -5 °C. Outra característica relacionada à temperatura vigente nesse bioma é a baixa evapotranspiração.

Em geral, a precipitação média anual fica próxima de 1.000 milímetros por ano. A região é caracterizada por certa constância pluviométrica, isto é, não ocorrem estações de seca nem de chuvas. A precipitação ocorre com intensidade semelhante ao longo do ano todo.

Quanto à hidrografia, destacam-se como rios importantes deste bioma o Santa Maria, o Uruguai, o Jacuí, o Ibicuí e o Vacacaí. Esses e outros da região se dividem em duas bacias hidrográficas: a do Atlântico Sul, ou Costeira do Sul, e a do rio da Prata (figura 4, p. 44). São rios que apresentam boas condições para navegação, constituindo verdadeiras hidrovias na região.

Próximo ao litoral existem muitos lagos e lagoas. A lagoa dos Patos, localizada no município de São Lourenço do Sul, é a maior laguna do Brasil e a segunda maior da América Latina, com 265 quilômetros de comprimento.

Vegetação

O Pampa corresponde a um dos tipos de campo e é encontrado no sul do Estado do Rio Grande do Sul, na divisa com o Uruguai, ocupando uma área de aproximadamente 40% da área total daquele estado, atingindo também a Argentina. Apesar de o Pampa se caracterizar pelo predomínio dos campos nativos, trata-se de uma região ocupada por diversos tipos de mata, como as ciliares, as de encosta e as de pau-ferro. Contempla também formações arbustivas, butiazais e banhados.

Os campos do alto da serra são encontrados em áreas de transição com o domínio de araucárias. Essa vegetação ocorre em colinas conhecidas como coxilhas (figura 13).

Figura 13. Vegetação típica do bioma Pampa em colinas, conhecidas como coxilhas.

A vegetação campestre mostra certa uniformidade, apresentando nos topos mais planos um tapete herbáceo baixo, com poucas espécies e número reduzido de indivíduos, que atingem de 0,6 a 1 metro de altura. Torna-se mais densa e diversificada nas encostas, onde há predomínio de gramíneas, compostas e leguminosas; os gêneros mais comuns são: *Stipa, Piptochaetium, Aristida, Melica* e *Briza*. Alguns gêneros de cactos e bromeliáceas apresentam espécies endêmicas da região. Na mata aluvial existem inúmeras espécies arbóreas de interesse comercial.

Na Área de Proteção Ambiental do Rio Ibirapuitã, inserida no bioma, ocorrem formações campestres e florestais de clima temperado, distintas de outras formações existentes no Brasil.

Solo

No Pampa, o solo é fértil e, por essa razão, os campos são normalmente procurados para o desenvolvimento de atividades agrícolas. Ainda mais férteis são as áreas com solo do tipo "terra roxa", que apresenta um tom avermelhado.[17] Em áreas de planalto os solos também apresentam essa tonalidade de cor, embora não possuam a fertilidade da terra roxa. Na planície litorânea o solo é bastante arenoso, tanto que algumas áreas do Pampa vêm sofrendo processo de desertificação devido à retirada da vegetação nativa e à sua substituição por monoculturas ou pastos.

---

[17] Esse solo foi batizado assim devido ao nome que recebeu originalmente de imigrantes italianos. Originalmente, esses colonos se referiam ao solo como *terra rossa*, por conta de sua cor avermelhada (em italiano, *rosso* é "vermelho"). Por conta de o som ser semelhante à palavra "roxa" em português, o solo do local passou a ser chamado de "terra roxa".

Diversidade

O Pampa apresenta flora e fauna próprias de biodiversidade relativamente grande, ainda não completamente descrita pelos cientistas. Estimativas indicam algo em torno de 3 mil espécies de angiospermas, mais de 450 espécies de gramíneas, como capim-forquilha, grama-tapete, flechilhas, barbas-de-bode e cabelos-de-porco. Nas áreas de campo natural é possível encontrar leguminosas (150 espécies), como a babosa-do-campo, o amendoim-nativo e o trevo-nativo. Há também muitas cactáceas encontradas nas áreas rochosas. Entre as várias espécies vegetais típicas do Pampa, vale destacar o algarrobo e o arbusto nhandavaí.

A fauna é expressiva, com quase quinhentas espécies de aves, entre elas a ema, o perdigão, a perdiz, o quero-quero, o caminheiro-de-espora, o joão-de-barro, o sabiá-do-campo e o pica-pau-do-campo. Contudo, apenas 0,5% das espécies são endêmicas do bioma.

Ocorrem também mais de cem espécies de mamíferos terrestres, como o veado-campeiro, o graxaim, o zorrilho, o furão, o tatu-mulita, o preá e várias espécies de tuco-tucos. Esse bioma também abriga cerca de noventa espécies de répteis, entre as quais 7% são endêmicas. Apesar do número de espécies de anfíbios não ser muito alto (cinquenta), seu grupo apresenta uma quantidade expressiva de endemismo (10%). O mesmo acontece com o grupo dos peixes, que soma cerca de cinquenta espécies habitando os campos sulinos, mas com um grande número (24%) de espécies endêmicas.

Pantanal

Localização e área

O Pantanal é a maior planície de inundação contínua do planeta. Coberto por vegetação predominantemente aberta, estende-se por uma área aproximada de 150.355 quilômetros quadrados – cerca de 1,8% do território nacional. Ocupa 25% de Mato Grosso do Sul e 7% de Mato Grosso. O Pantanal é um bioma praticamente exclusivo do Brasil, pois apenas uma pequena faixa dele adentra outros países (o Paraguai e a Bolívia).

É uma área transicional de três importantes biomas brasileiros (Amazônia, Cerrado e Mata Atlântica). Por isso, ostenta um mosaico de ecossistemas terrestres, que, no entanto, têm afinidades maiores com o Cerrado.

Clima: temperatura, precipitação e umidade

A região Centro-Oeste brasileira, ocupada pelo bioma Pantanal, tem predomínio do clima tropical úmido, caracterizado por invernos secos e verões chuvosos. Devido à influência das massas de ar tropical marítima e equatorial, as temperaturas e a umidade relativa do ar se mantêm elevadas durante todo o ano. A média anual de umidade é de 82%. Já as temperaturas, no verão, oscilam entre 26 °C nas porções mais elevadas e 29 °C nas partes mais baixas, no centro e no extremo sul do Pantanal. No inverno, variam entre 20 °C na borda leste e sul, e 23 °C no centro e no norte. A temperatura média do mês mais frio é superior a 18 °C, mas podem ocorrer resfriamentos abaixo de 10 °C, de curta duração (2 a 3 dias), entre abril e setembro. Considerando o bioma como um todo, a média anual de temperatura oscila em torno de 20 °C.

A precipitação anual varia entre 1.000 e 1.500 milímetros por ano, e a média do mês mais seco é inferior a 40 milímetros. O período mais chuvoso vai de novembro a março e o menos chuvoso, de abril a setembro.

Em seu espaço territorial, o bioma está localizado sobre uma planície, influenciada por rios que drenam a bacia do rio da Prata[18]. Embora o volume de chuvas não seja tão intenso, a água que transborda desses rios provoca enchentes e flui lentamente no terreno plano e de solo pouco permeável. Dessa forma, a região fica extensamente inundada nos períodos de cheia, permanecendo assim por boa parte do ano. Mesmo durante a estiagem, encontram-se grandes lagoas entremeadas por terra seca. As regiões alagadas são ocupadas por vegetação típica de brejo, en-

Figura 14. Paisagem e vegetação típicas do bioma Pantanal.

---

[18] Destacam-se como importantes rios da região o Cuiabá, o São Lourenço, o Itiquira, o Correntes, o Aquidauana e o Paraguai. Todos eles fazem parte da bacia hidrográfica do rio da Prata, que engloba grande parte do sudoeste brasileiro.

quanto as partes secas apresentam flora similar à do Cerrado, de campo e floresta (figura 14).

Em períodos de seca um pouco mais prolongados, parte da vegetação resseca, mas quando as chuvas retornam ocorre o rebrotamento da vegetação, e o Pantanal torna-se verde novamente.

Vegetação

A flora do Pantanal é composta por espécies presentes nos biomas que o circundam, ou seja: o Cerrado, a Amazônia e a Mata Atlântica. As espécies herbáceas são mais frequentes que as lenhosas, devido à predominância de áreas inundáveis ocupadas por formações aquáticas, gramíneas, arbustos e árvores de pequeno porte. As árvores compõem as matas ciliares, as cordilheiras e os capões de mata.

Assim, é possível afirmar que a vegetação pantaneira é, na verdade, um conjunto de diversas paisagens. Já falamos aqui que o bioma fica próximo à Amazônia e ao Cerrado. A proximidade com tais áreas faz que o Pantanal apresente algumas formações vegetais próximas às da Amazônia, como as que aparecem em terrenos alagados, e outras parecidas com as do Cerrado, a exemplo dos campos não inundados e das matas de galeria.

Nas matas de galeria ou ciliares, formadas nas margens dos rios, cresce uma floresta mais densa, composta por jenipapos, figueiras, ingazeiros, palmeiras e pau-de-formiga. Nas áreas poucas vezes alagadas, aparecem tapetes de gramíneas como o capim-mimoso. Em locais permanentemente secos, crescem árvores grandes – é o caso do carandá, do buriti e dos ipês. Nos terrenos alagados constantemente são encontrados vegetais aquáticos flutuantes, como o aguapé e a erva-de-santa-luzia, além de vegetais fixos com folhas imersas, a exemplo da sagitária, e plantas que permanecem submersas, como a cabomba e a utriculária. Existem ainda, na paisagem pantaneira, formações arbóreas monotípicas, ou seja, constituídas por vários indivíduos de uma única espécie, como os carandazais (conjuntos de carandá, ou *Copernicia alba*) e os paratudais (agrupamentos de uma espécie de ipê também chamada de paratudo, a *Tabebuia aurea*).

O bioma Pantanal mantém 86,7% de sua cobertura vegetal nativa. Dessa área, mais de 50% são cobertos por vegetação típica de Cerrado e 17% são ocupados por áreas de transição ecológica, ou ecótonos. Os tipos de vegetação florestal representam 10% do Pantanal. A maior parte do bioma alterada por ação antrópica é utilizada para a criação extensiva de gado em pastos plantados (10,9% do bioma); apenas 0,3% do Pantanal é usado para lavoura.

Solo

No Pantanal sul-mato-grossense, os solos são de origem sedimentar, isto é, formados a partir de fragmentos oriundos de terrenos mais altos. De forma alternada e descontínua, algumas áreas do Pantanal contêm solo argiloso, enquanto outras apresentam solo arenoso. Há, contudo, o predomínio de uma superfície pouco permeável, com características que resultam das constantes inundações.

Devido ao excesso de água, a decomposição de matéria orgânica se dá de forma mais lenta e difícil, reduzindo a fertilidade. Mas, quando as chuvas param e os terrenos voltam a secar, fica sobre a superfície uma mistura de areia, restos de animais e vegetais, sementes e húmus – uma camada que torna o solo mais fértil.

Nos terrenos mais altos e mais secos, o solo é arenoso e ácido. Ali, a água absorvida é retida no subsolo, em lençóis freáticos. Esse solo também tem fertilidade limitada.

Diversidade

Como vimos, a vegetação pantaneira é constituída por espécies dos biomas vizinhos. Esse é um dos fatores responsáveis pela grande diversidade florística do bioma Pantanal, que possui cerca de 1.900 espécies de angiospermas. Outra questão importante é a fertilização resultante da alternância entre os períodos de inundação e de seca, que permite a existência de uma vegetação variada e de grande biodiversidade.

A diversidade animal é relativamente grande. Estudos indicam que o bioma abriga os seguintes números de espécies catalogadas: 265 espécies de peixes, 75 de anfíbios, 200 de répteis, 470 de aves e 132 de mamíferos. Assim como a flora, a fauna da planície tampouco apresenta endemismo. Porém, há exemplares da fauna brasileira ameaçados de extinção em outras regiões do Brasil que persistem em populações avantajadas na região. É o caso do tuiuiú, ou jaburu, ave símbolo do Pantanal. Também o bioma é considerado uma das vias mais importantes para aves migratórias dos hemisférios norte e sul. Devido à conformação do relevo do Pantanal, formam-se lagos temporários, onde os peixes que são aprisionados tornam-se alimento para os pássaros que habitam a região e para os que estão de passagem, seja migrando em direção à Argentina, seja retornando ao Canadá.

Atividade 1

O primeiro passo para trabalhar a interpretação dos dados sobre os diferentes biomas é a transposição do conteúdo, de acordo com a presente atividade. Primeiramente, os alunos devem receber os textos, que caracterizam os diferentes biomas, selecionar as principais informações, resumi-las e registrá-las em forma de tabela, conforme o exemplo a seguir:

Bioma	Localização (região do Brasil)	Tipo de clima predominante	Precipitação anual média/ variação durante o ano
Amazônia			
Cerrado			
Mata Atlântica			
Caatinga			
Pampa/ Campos Sulinos			
Pantanal			

O gabarito desta tabela encontra-se no anexo A, p. 170.

Considerando a faixa etária dos alunos do Ensino Fundamental II, essa tarefa é muito complexa para ser realizada individualmente. Assim, sugerimos que grupos de alunos sejam responsáveis por preencher as informações de cada bioma e depois socializem os resultados com os demais colegas.

A tarefa de comunicar os resultados pode ser realizada de diversas formas. A seguir, são apresentadas duas possíveis maneiras:

1. A primeira é o seminário tradicional: os alunos preparam uma apresentação simples, usando recursos de apoio como PowerPoint (se houver disponibilidade), fazendo cartazes com cartolina e figuras

Temperatura anual média/ variação durante o ano	Vegetação	Solo	Diversidade

(o trabalho de pesquisa e recorte das figuras pode ser tarefa de casa ou ser feito na própria escola) ou escrevendo no quadro-negro. Esses ajustes devem ser feitos de acordo com as possibilidades.
2. Durante a apresentação, os colegas que assistem vão registrando as informações na sua tabela própria, fornecida pelo professor ou construída por eles mesmos.

Observação: essa atividade trabalha as habilidades de oralidade e registro escrito, além de incentivar o trabalho em grupo.

2. A segunda proposta também é um tipo de seminário, mas em forma de rodízio. Essa proposta se encontra detalhada no capítulo 4, sob o título de "seminário rodízio" (p. 145).

Atividade 2

Esta sugestão pode ser realizada como sequência da atividade 1 ou independentemente dela. A proposta consiste na transformação de alguns dos dados apresentados em forma de texto (ou resultantes da confecção da tabela), buscando uma compreensão mais aprofundada do conteúdo abordado. Como os biomas na maior parte das vezes são caracterizados pelos fatores climáticos e se encontram limitados por eles, sugere-se trabalhar com os dados de precipitação anual média e temperatura anual média e a diversidade como resultado da ação desses outros dois fatores. Essas informações devem ser elencadas em categorias, para facilitar a interpretação por parte dos alunos. A categorização deve ser efetuada pelos próprios estudantes, para que possam desenvolver algumas habilidades.[19]

Após a discussão, em pequenos grupos ou com a classe toda, os alunos devem organizar as categorias em forma de tabela, conforme exemplo a seguir:

---

[19] Outra possibilidade para facilitar a visualização da diferença na biodiversidade entre os biomas é pedir que os alunos construam gráficos com os totais das espécies em cada bioma. Além de trabalhar a habilidade de construção de gráficos, esse tipo de representação vai facilitar a categorização.

Bioma	Precipitação anual média	Temperatura anual média	Diversidade
Amazônia			
Cerrado			
Mata Atlântica			
Caatinga			
Pampa/ Campos Sulinos			
Pantanal			

O gabarito desta tabela encontra-se no anexo B, p. 172.

Os valores numéricos (dados quantitativos) correspondentes à precipitação anual média e à temperatura anual média serão transformados em categorias, para que possam ser comparados. As categorias sugeridas para esses dois fatores são as seguintes: baixa, média e alta. Assim, os valores numéricos devem ser enquadrados nessas categorias. Para a diversidade são sugeridas cinco categorias (muito baixa, baixa, média, alta e muito alta), que devem ser estabelecidas com base na tabela 1 (p. 84).

Grupo	Angiospermas	Aves	Mamíferos	Répteis	Anfíbios	Peixes
Amazônia (N)	21.000	1.300	310	250	200	1.300
Cerrado (N)	10.000	610	195	225	160	200
Mata Atlântica (N)	21.000	1.000	264	210	456	350
Caatinga (N)	1.000	510	148	90	51	240
Pampa (N)	3.000	480	102	90	50	50
Pantanal (N)	1.900	470	132	200	75	265
Brasil (N)	56.000	1.764	652	696	836	4.000
Mundo (N)	250.000	9.700	5.000	8.700	6.100	30.700

Tabela 1. Número aproximado de espécies nas diferentes regiões.

Depois da confecção da tabela, os alunos devem completar o esquema a seguir, que permite a comparação dos biomas em relação às condições climáticas prevalecentes.[20]

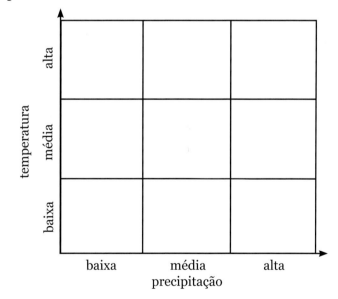

O gabarito desta tabela encontra-se no anexo B, p. 172.

---

[20] Outra possibilidade para facilitar a visualização da diferença na temperatura e na precipitação média entre os biomas é pedir que os alunos construam gráficos para comparar esses valores. Além de trabalhar a habilidade de construção de gráficos, esse tipo de representação vai facilitar a categorização.

A partir desse quadro, é possível fazer algumas perguntas para incentivar a reflexão sobre os biomas:

1. Com base no esquema, compare os biomas da Caatinga, do Cerrado e das florestas tropicais (Amazônia e Mata Atlântica) quanto à intensidade de precipitação. São iguais ou diferentes?
2. Agora compare os mesmos biomas quanto à temperatura. São iguais ou diferentes?
3. Com base na resposta das duas perguntas anteriores, explique qual desses fatores exerce influência sobre a diversidade dos biomas analisados.
4. Agora faça a mesma comparação entre os biomas Cerrado, Pantanal e Pampa, e explique qual fator é responsável pela diferença na biodiversidade desses ambientes.
5. Analise o esquema e suas respostas anteriores e explique quais são as condições mais favoráveis para os biomas em termos de precipitação e temperatura.

Analisando o esquema (confira o gabarito no anexo B), é possível perceber que nos biomas da Caatinga, do Cerrado, da Amazônica e da Mata Atlântica prevalece a temperatura alta, mas a quantidade de precipitação é diferente. Portanto, é possível concluir que nesses biomas o fator que mais interfere no número de espécies é a precipitação, e não a temperatura. Por outro lado, ao comparar os biomas Cerrado, Pantanal e Pampa percebe-se que as temperaturas diferem, mas a precipitação anual média é semelhante nos três ambientes. Neste caso, a temperatura exerce maior influência do que a precipitação. É claro que outros fatores também são relevantes, como a sazonalidade (período de seca intenso, qualidade do solo, variação da temperatura ao longo do ano). Se os alunos levantarem questões como essas, o professor poderá considerar outros fatores na análise. De qualquer forma, seria interessante chegar à conclusão de que a precipitação é um dos fatores mais relevantes, pois tanto o bioma com a menor diversidade (Caatinga) quanto os de maior diversidade (florestas tropicais) têm o predomínio de temperaturas altas o ano todo, mas a taxa de precipitação é muito diferente. Assim, conclui-se que a falta de chuva leva à biodiversidade baixa, enquanto uma alta quantidade de precipitação favorece a biodiversidade. Por último, se considerarmos que alta diversidade é um reflexo de condições favoráveis, então basta verificar a situação prevalecente na Amazônia e na Mata Atlântica para descobrir que condições são essas: temperatura e precipitação altas (noutras palavras, calor e umidade).

Indicações de sites úteis para a caracterização dos biomas brasileiros

Amazônia

Características gerais
Disponível em: http://marte.museu-goeldi.br/marcioayres/index.php?option=com_content&view=article&id=7&Itemid=8
Acesso em: 7 jan. 2013.

Biodiversidade
Disponível em: http://ecologia.ib.usp.br/bie214/pdf/Biodiversidade-Biomas-Basileiros.pdf (Biodiversidade em todos os biomas brasileiros)
http://www.bibliotecadafloresta.ac.gov.br/HOME/Biodiversidade.pdf
http://marte.museugoeldi.br/marcioayres/index.php?option=com_content&view=article&id=10&Itemid=11
Acesso em: 7 jan. 2013.

Flora
Disponível em: http://www.portalamazonia.com.br/secao/amazoniadeaz/interna.php?id=997
http://www.museu-goeldi.br/sobre/hotsite/coloquio/artigos/Ferreira_Almeida.pdf
Acesso em: 7 jan. 2013.

Características do solo
Disponível em: http://www.escola.agrarias.ufpr.br/arquivospdf/solos_amazonia.pdf
Acesso em: 7 jan. 2013.

Fauna
Disponível em: Peixes: http://acta.inpa.gov.br/fasciculos/2-3/PDF/v2n3a12.pdf.

Primatas: http://www.inpa.gov.br/cpca/luizoli/textos/amazonia_51_primatas.html.
Mamíferos: http://ambientes.ambientebrasil.com.br/amazonia/floresta_amazonica/grandes_mamiferos_da_amazonia.html.
Répteis: http://www.oiyakaha.org/resources/pdf/Os_animais_peconhentos.pdf.
Espécies bizarras: http://hypescience.com/10-criaturas-bizarras-da-floresta-amazonica/.
Acesso em: 7 jan. 2013.

Cerrado

Características gerais
Disponível em: http://www.mma.gov.br/biomas/cerrado
http://www.portalbrasil.net/cerrado.htm
Acesso em: 7 jan. 2013.

Clima e relevo
Disponível em: http://www.portalbrasil.net/cerrado_climaerelevo.htm.
Acesso em: 7 jan. 2013.

Hidrografia
Disponível em: http://www.pequi.org.br/agua.htm
Acesso em: 7 jan. 2013.

Características do solo
Disponível em: http://ecologia.ib.usp.br/cerrado/aspectos_solo.htm
Acesso em: 7 jan. 2013.

Fauna e flora
Disponível em: http://www.portalbrasil.net/cerrado_faunaeflora.htm
Acesso em: 7 jan. 2013.

Mata Atlântica

Características gerais
Disponível em: http://www.invivo.fiocruz.br/cgi/cgilua.exe/sys/start.htm?infoid=964&sid=2
http://www.mma.gov.br/biomas/mata-atlantica
http://www.sosma.org.br/nossa-causa/a-mata-
-atlantica/
Acesso em: 7 jan. 2013.

Precipitações
Disponível em: http://www.tomdamata.org.br/mata/chuvasmatas.asp
Acesso em: 7 jan. 2013.

Flora
Disponível em: http://educar.sc.usp.br/licenciatura/trabalhos/mataatl.htm. Acesso em: 7 jan. 2013.
http://www.ib.usp.br/ecosteiros/textos_educ/mata/flora/flora.htm
Acesso em: 7 jan. 2013.

Características do solo
Disponível em: http://www.ib.usp.br/ecosteiros/textos_educ/mata/terra/terra.htm
http://www.invivo.fiocruz.br/cgi/cgilua.exe/sys/start.htm?infoid=964&sid=2
Acesso em: 7 jan. 2013.

Caatinga

Características gerais
Disponível em: http://www.invivo.fiocruz.br/cgi/cgilua.exe/sys/start.htm?infoid=962&sid=2
http://www.biosferadacaatinga.org.br/o_bioma_caatinga.php

http://www.mma.gov.br/biomas/caatinga
Acesso em: 7 jan. 2013.

Precipitações
Disponível em: http://www.agencia.cnptia.embrapa.br/gestor/bioma_caatinga/arvore/CONT000g798rt3p02wx50k0wtedt3n17xgwk.html
Acesso em: 7 jan. 2013.

Fauna e flora
Disponível em: http://www.agencia.cnptia.embrapa.br/gestor/bioma_caatinga/arvore/CONT000fxt42i5k02wyiv804u7ypccpiahjr.html
http://www.vivaterra.org.br/caatinga.htm
http://ecologia.ib.usp.br/bie214/pdf/Biodiversidade-Biomas-Basileiros.pdf
Acesso em: 7 jan. 2013.

Pampa (Campos Sulinos)

Características gerais
Disponível em: http://www.dialogoflorestal.org.br/biomas/pampa/
http://ibflorestas.org.br/pt/bioma-pampa.html
Acesso em: 7 jan. 2013.

Biodiversidade
Disponível em: http://www.mma.gov.br/biomas/pampa
Acesso em: 7 jan. 2013.

Pantanal

Características gerais
Disponível em: http://www.mma.gov.br/biomas/pantanal

http://www.invivo.fiocruz.br/cgi/cgilua.exe/sys/start.htm?infoid=963&sid=2
Acesso em: 7 jan. 2013.

Clima e temperatura
Disponível em: http://www.ecologia.ufrgs.br/labgeo/arquivos/Publicacoes/Relatorios/clima_rppn_sescpantanal.pdf
Acesso em: 7 jan. 2013.

Biodiversidade
Disponível em: http://ecologia.ib.usp.br/bie214/pdf/Biodiversidade-Biomas-Basileiros.pdf
Acesso em: 7 jan. 2013.

Flora
Disponível em: http://www.cpap.embrapa.br/teses/online/DST34.pdf
Acesso em: 7 jan. 2013.

Fauna
Disponível em: http://www.projetoararaazul.org.br/arara/Home/OProjeto/%C3%81readeestudodoProjeto/Opantanal/tabid/97/Default.aspx
Acesso em: 7 jan. 2013.

Atuação da Embrapa nos biomas brasileiros

Disponível em: http://www.embrapa.br/publicacoes/institucionais/titulos-avulsos/laminas--biomas.pdf.
Acesso em: 7 jan. 2013.

Capítulo 3

Os biomas e o ser humano

Vimos no capítulo anterior que o bioma, representado por suas características e sua biota, é resultante da ação de diversos fatores. Isso significa que qualquer interferência – seja ela natural, como as secas prolongadas ou chuvas em excesso, seja antrópica (ação provocada pelo homem), como os desmatamentos e queimadas – pode provocar alterações no ambiente, afetando inclusive a biodiversidade local. É essa abordagem que se pretende enfatizar neste capítulo.

> O Jogo da Sobrevivência ou das populações, detalhado no capítulo 4 (p. 148), pode ser uma boa maneira de iniciar a discussão sobre os efeitos de interferências de diversas naturezas sobre a comunidade de um determinado ecossistema.

Antes da colonização, as florestas cobriam aproximadamente 60% do território que pertence ao Brasil atual. Ao longo de mais de quinhentos anos, o processo de ocupação provocou alterações nas características originais dos biomas e, consequentemente, desequilíbrio ecológico em diversos ecossistemas. Apesar de todas as regiões terem sofrido remoção de sua cobertura vegetal original, a forma e o grau dessa intervenção variam por todo o território brasileiro. Mas, de uma forma geral, as principais atividades responsáveis por essas alterações continuam sendo, até hoje, o processo de urbanização, a industrialização e o crescimento da agropecuária.

A preocupação ambiental em nível mais amplo se iniciou por volta de 1974, abrangendo desde a Amazônia até o Rio Grande do Sul. Contudo, essa iniciativa começou com caráter idealista e apenas algum tempo depois é que se tornou mais realista, compreendendo estudos e relatórios sobre efeitos e previsão de impactos ambientais.[21]

Na Amazônia, o Instituto Nacional de Pesquisas Espaciais (INPE) iniciou, a partir de 1988, um programa de monitoramento dos desmatamentos, como forma de avaliar os seus impactos. Quanto aos outros biomas, os dados eram obtidos apenas por iniciativas isoladas de mapeamento por parte de outras instituições de pesquisa e organizações não governamentais (ONGs). Porém, os resultados gerados eram incompletos e careciam de estimativas de taxas anuais de desmatamentos. Apenas em 2008 teve início o Programa de Monitoramento do Desmatamento nos Biomas Brasileiros por Satélite, realizado por meio da cooperação entre o Ministério do Meio Ambiente (MMA) e o Ibama (Instituto Brasileiro do Meio Ambiente e dos Recursos Naturais Renováveis), com o apoio do PNUD (Programa das Nações Unidas para o Desenvolvimento). Os biomas contemplados nesse programa foram, inicialmente, o Cerrado, a Caatinga, a Mata Atlântica, o Pampa e o Pantanal. O monitoramento sistemático da cobertura vegetal tem como finalidade quantificar desmatamentos de áreas com vegetação nativa, para embasar ações e políticas de prevenção e controle de derrubadas ilegais nesses biomas, além de subsidiar políticas públicas de conservação da biodiversidade e de mitigação das mudanças climáticas.

Em junho de 2012, o IBGE[22] divulgou os resultados da pesquisa Indicadores de Desenvolvimento Sustentável 2012, revelando os últimos índices de

---

[21] YOUSSEF, M. da P. B.; HARA, M.; RODRIGUES, R. M. 1997. *Atlas dos ambientes brasileiros, recursos e ameaças*. Editora Scipione, p. 1.
[22] http://www.ibge.gov.br/home/presidencia/noticias/noticia_visualiza.php?id_noticia=2161&id_pagina=1

desmatamento nos diferentes biomas brasileiros. Segundo a pesquisa, a Mata Atlântica foi tão afetada que hoje restam apenas 12% de sua vegetação original. Os principais agentes de degradação ambiental foram a agricultura, a pecuária e a ocupação urbana. Dos demais biomas, o Pampa apresenta o maior percentual de desmatamento, pouco mais da metade de sua área nativa, seguido pelo Cerrado, que, em 2010, foi desmatado em praticamente metade de sua extensão primária. Na Caatinga, até 2009, eram 46%, cabendo o menor valor relativo ao Pantanal, com 15%. Por outro lado, é possível perceber que algumas políticas ambientais já fazem efeito. É o caso do bioma Amazônia, que, desde 2004, teve uma queda no desflorestamento de mais de 25 mil quilômetros quadrados para menos de 10 mil, nos últimos anos. Apesar dessa evidente redução, a área desflorestada se aproxima hoje dos 20% em relação ao território ocupado pelo bioma originalmente. Além dos desmatamentos decorrentes de atividades econômicas, as queimadas e os incêndios florestais, provocados ou não pela ação humana, figuram entre as principais ameaças aos ecossistemas brasileiros com foco mais intenso nos Estados de Rondônia, Acre, Amazonas, Roraima, Pará, Amapá, Tocantins, Maranhão (oeste) e Mato Grosso. Não só a fauna e a flora sofrem com esses acontecimentos, mas também ocorrem danos permanentes ao solo e aos recursos hídricos. Por fim, em uma escala global, as emissões de gás carbônico na atmosfera aumentam consideravelmente, o que agrava o efeito estufa. No que se refere à intervenção na fauna e na flora, além da destruição de seus ambientes, a caça e a extração desregrada de espécies nativas, há o problema da introdução de espécies exóticas, isto é, de outros ecossistemas, que encontram condições ideais para o crescimento, sem competidores para regular suas populações; com isso, elas vão ocupando o espaço das espécies nativas, o que acaba colocando em risco a longevidade de diversas espécies que têm nesses diferentes biomas seu hábitat natural.[23]

No Brasil, a preservação do meio ambiente no presente e para as futuras gerações consta da Constituição Federal desde 1988. O artigo 225 traz a definição de espaços territoriais e seus componentes a serem especialmente protegidos em todas as unidades da federação.[24] Entre essas áreas protegidas, destacam-se as unidades de conservação (UCs) e as reservas particulares do patrimônio natural (RPPNs). As UCs são de propriedade pública e se agrupam em categorias, de acordo com o grau de restrição ao uso e à intervenção humana. As RPPNs são propriedades privadas nas quais se realizam atividades de baixo impacto, como, por exemplo, o ecoturismo.

As UCs, integrantes do Sistema Nacional de Gerenciamento de Unidades de Conservação (SNUC), são áreas com características naturais relevantes, sujeitas a regime especial de administração, legalmente instituídas pelo poder público com vistas à sua proteção. Elas dividem-se em dois grupos com características específicas: o das unidades de proteção integral e o das unidades de uso sustentável. Cada grupo tem suas diferentes categorias. O primeiro contempla unidades como os parques nacionais e as reservas biológicas, onde a presença de populações permanentes e a atividade econômica são proibidas. A outra inclui unidades como as áreas de proteção ambiental (APAs) e as reservas extrativistas (ResExs), nas quais é permitida a presença de populações tradicionais e a utilização de recursos naturais de maneira sustentável.

---

[23] http://www.revistabrasileiros.com.br/2012/06/18/88-da-mata-atlantica-nao-e-mais-original/
[24] http://bd.camara.gov.br/bd/bitstream/handle/bdcamara/1438/conflitos_espaco_araujoetali.pdf?sequence=1

Em 2011, o Brasil contava com 310 UCs terrestres, abrangendo 8,8% do território nacional, e 574 RPPNs. Infelizmente, os outros biomas brasileiros possuem áreas protegidas relativamente pequenas e fragmentadas, se considerada a sua extensão, ficando abaixo de 5%. A região com maior presença de RPPNs é o Centro-Oeste, que possui grandes extensões de terras privadas e onde se encontra 61,7% da área total dessas reservas, sobretudo nos Estados de Mato Grosso e Mato Grosso do Sul.[25]

Outros programas do Ministério do Meio Ambiente destinados a conter ou minimizar os impactos ambientais em todo o território brasileiro são a Agenda 21, a Bolsa Verde e os corredores ecológicos.[26]

A Agenda 21 é um programa de planejamento para a construção de sociedades sustentáveis em diferentes bases geográficas, que concilia métodos de proteção ambiental, justiça social e eficiência econômica. A Bolsa Verde consiste na concessão de benefício às famílias que desenvolvem atividades de uso sustentável dos recursos naturais em reservas extrativistas, florestas nacionais e reservas de desenvolvimento sustentável federais.

Outra iniciativa que vem sendo construída dentro do Ministério do Meio Ambiente (MMA), desde 1997, é o Projeto Corredores Ecológicos, que faz parte do Programa Piloto para a Proteção das Florestas Tropicais no Brasil.[27] Esse termo se refere à faixa de vegetação que liga grandes fragmentos florestais, ou UCs, separados por áreas resultantes da atividade humana, como estradas, campos de agricultura ou clareiras abertas pela atividade madeireira.[28] A

---

[25] http://www.ibge.gov.br/home/presidencia/noticias/noticia_visualiza.php?id_noticia=2161&id_pagina=1
[26] http://www.mma.gov.br/component/k2/item/8272-programas-mma
[27] http://www.mma.gov.br/areas-protegidas/programas-e-projetos/projeto-corredores-ecologicos/historico
[28] http://pt.wikipedia.org/wiki/Corredor_ecol%C3%B3gico

ideia é reconectar fragmentos de floresta, garantindo a manutenção da biodiversidade, o equilíbrio dos ecossistemas e a melhoria da qualidade de vida das populações humanas.

Essas conexões possibilitam o fluxo de genes e a dispersão de espécies, além da recolonização de áreas degradadas, assim como a manutenção de populações que demandam, para sua sobrevivência, áreas com extensão maior do que aquela das unidades individuais. São, na verdade, mosaicos de usos e ocupação da terra, integrando parques e reservas, áreas de cultivo e pastagem, centros urbanos e atividades industriais. Mais do que espaços territoriais e ecossistêmicos, os corredores ecológicos são concepções econômicas e culturais que visam a responsabilizar todos os cidadãos pela conservação da natureza e pela manutenção das conexões ambientais e do respeito aos direitos de todos os seres vivos.[29]

Amazônia

Uso e ocupação do solo

Antes da ocupação da Amazônia pelos europeus, que se iniciou por volta de 1540, a região era habitada apenas por povos indígenas.[30] Apesar de a presença humana ter provocado alterações ambientais, foi só a partir do início do século XX que se iniciaram as grandes modificações na cobertura vegetal. Atualmente há cerca de 10 milhões de habitantes na Amazônia, o que configura uma densidade de apenas 2 habitantes por quilômetro quadrado. Estima-se que 1,5 milhão de pessoas vivam na floresta.

---

[29] http://www.embrapa.br/publicacoes/tecnico/folderTextoDiscussao/arquivos-pdf/Texto-27_20-05-08.pdf
[30] http://uc.socioambiental.org/territ%C3%B3rios-de-ocupa%C3%A7%C3%A3o--tradicional/quem-s%C3%A3o-as-popula%C3%A7%C3%B5es-tradicionais

A região amazônica ainda se caracteriza como área de intenso extrativismo vegetal, animal e mineral. É considerada a maior reserva de madeira tropical do mundo, contando também com enormes estoques de borracha (extraída da seringueira), castanha-do-pará e diversas espécies medicinais, oleaginosas, frutíferas e ornamentais. Os principais recursos animais são os peixes, como o tambaqui, o pirarucu e o tucunaré.[31] Em relação à mineração, os principais minérios extraídos são o ferro, o alumínio e o cobre.[32]

No domínio brasileiro, o bioma tem sofrido processo de antropização mais intenso em suas porções leste e sul. Além do extrativismo dos recursos naturais, as atividades econômicas incluem a pecuária, a agricultura de subsistência, o cultivo de espécies vegetais arbustivas e arbóreas, a produção de grãos (principalmente soja), a mineração e o garimpo. Coletivamente, todas essas atividades provocam alterações nos ecossistemas naturais regionais, especialmente o desmatamento, que se estende por 15% a 18% de todo o bioma.

Os danos causados pela ação antrópica são muitas vezes irreversíveis. Apesar da grandeza dimensional e da exuberância da vegetação, a Amazônia é extremamente frágil. A floresta vive a partir de seu próprio material orgânico, num equilíbrio delicado, extremamente sensível a quaisquer interferências.

Assim, o uso dos recursos florestais deve ser pensado de modo estratégico, para promover o desenvolvimento da região sem que o bioma seja afetado substancialmente. As áreas inalteradas, por exemplo, têm potencial para adoção de práticas de manejo sustentável de produtos florestais madeireiros e não madeireiros, ambos com crescente valor de mercado nacional e internacional.[33]

---

[31] http://www.demene.cnpm.embrapa.br/extra.html
[32] http://www.forumcarajas.org.br/
[33] http://www.ibama.gov.br/ecossistemas/ocupacao.htm

Manejo e conservação

A riqueza da biodiversidade da Amazônia e o seu delicado equilíbrio ecológico, aliados ao grande valor econômico de seus recursos naturais, exigem uma nova consciência em direção ao desenvolvimento sustentável. Ao mesmo tempo em que a conservação da biodiversidade da Amazônia tem enorme valor como garantia de qualidade de vida para as futuras gerações, os seus recursos naturais tornam-se fonte e meio de sobrevivência para as populações nativas e, ainda, base essencial de recursos para outros segmentos produtivos.

Por um lado, os conflitos de valores se materializam em fortes disputas pelas terras e seus recursos. Por outro lado, a busca de solução para esses mesmos conflitos acaba por definir uma série de projetos conservacionistas, bem como a busca de tecnologias sustentáveis e de apoio ao extrativismo tradicional das comunidades locais.

Os principais instrumentos de conservação dos ecossistemas amazônicos são o manejo de ecossistemas, as unidades de conservação, os corredores ecológicos e o estudo e a preservação de espécies da fauna e da flora.

Até dezembro de 2010 havia na Amazônia Legal 307 unidades de conservação, divididas em diversas categorias, totalizando 1.174.258 quilômetros quadrados, o que corresponde a 23,5% desse território.[34]

Como já citamos, entre as principais unidades de conservação ambiental estão os corredores ecológicos. Um dos primeiros corredores implantados no Brasil foi o Corredor Central da Amazônia, que contou com financiamento do Programa Piloto para a Proteção das Florestas Tropicais do Brasil.

---

[34] http://www.imazon.org.br/publicacoes/livros/areas-protegidas-na-amazonia-brasileira-avancos-e/4-unidades-de-conservaassapso-na-amazania-legal

Localizado no Estado do Amazonas, abrange 52 milhões de hectares, compreendidos em 76 áreas protegidas, sendo catorze UCs federais, catorze UCs estaduais e 48 terras indígenas.[35][36] Ao todo são cinco corredores ecológicos delimitados, cujo projeto está em fase final de negociação. Somadas a outras iniciativas de proteção ambiental, envolvendo comunidades locais e até mesmo órgãos internacionais, tem-se uma importante mobilização para proteção dos ambientes naturais e de uma sociedade sustentável, como descreveremos a seguir.[37]

Cerrado

Uso e ocupação do solo

As populações mais antigas do Cerrado são os povos indígenas xavantes, tapuias, carajás, avá-canoeiros, craôs, xerentes e xacriabás, entre outros grupos que viviam na região, muitos deles dizimados antes mesmo de serem conhecidos pela civilização ocidental.

É evidente que os processos de sustentabilidade devem levar em consideração a ocupação humana. Um olhar especial para as comunidades tradicionais deve ser desenvolvido. Nesse aspecto, além dos indígenas, os povos negros ou miscigenados, conhecidos como quilombolas, os geraiseiros, os vazanteiros, os sertanejos e os ribeirinhos. Esses grupos permaneceram em relativo isolamento nas áreas do bioma e, ao longo dos séculos, adaptaram seus modos de vida aos recursos naturais disponíveis para deles extraírem alimentação, utensílios e artesanato. Vivendo de

---

[35] http://uc.socioambiental.org/%C3%A1reas-para-conserva%C3%A7%C3%A3o/corredor-ecol%C3%B3gico
[36] http://www.aliancamataatlantica.org.br/?p=47
[37] http://www.embrapa.br/publicacoes/tecnico/folderTextoDiscussao/arquivos-pdf/Texto-27_20-05-08.pdf

maneira menos agressiva, baseados na tradição e na subsistência, a maior parte dessas populações já não habita mais a região, dadas as condições precárias ou a degradação ambiental existente ao redor, donde já não conseguem obter recursos para sobreviverem.[38]

Em relação ao meio ambiente, até a década de 1950 o Cerrado manteve-se quase inalterado. A partir da década seguinte, com a fundação de Brasília e a abertura de uma nova rede rodoviária, largos ecossistemas deram lugar à pecuária e à agricultura extensiva de produtos como soja, arroz e algodão. Tais mudanças se apoiaram, sobretudo, na implantação de novas infraestruturas viárias e energéticas, bem como na descoberta de vocações desses solos regionais. Isso permitiu o surgimento de atividades agrárias rentáveis, em detrimento de uma biodiversidade até então pouco alterada.

Durante as décadas de 1970 e 1980, houve um rápido deslocamento da fronteira agrícola – com base em desmatamentos e queimadas, bem como no uso de fertilizantes químicos e agrotóxicos –, que resultou em 67% de áreas do Cerrado "altamente modificadas", com voçorocas, assoreamento e contaminação dos ecossistemas. Restam apenas 20% da área deste bioma em estado conservado.

A partir da década de 1990, governos e diversos setores organizados da sociedade debatem a melhor maneira de conservar o que restou do Cerrado. Buscam-se tecnologias para adequar o uso dos recursos hídricos, a extração de produtos vegetais nativos, a criação de animais silvestres, o ecoturismo e outras iniciativas a um modo de desenvolvimento mais sustentável.

As unidades de conservação federais no Cerrado compreendem dez Parques Nacionais, três Estações Ecológicas e seis Áreas de Proteção Ambiental.[39]

---

[38] http://www.agencia.cnptia.embrapa.br/Agencia16/AG01/arvore/ AG01_30_911200585232.html
[39] http://www.ibama.gov.br/ecossistemas/cerrado.htm

Manejo e conservação

O Cerrado é um dos biomas mais degradados dos últimos anos. Por isso, o governo federal realizou um levantamento para identificar as prioridades quanto à conservação, ao uso sustentável e à repartição de benefícios da biodiversidade do Cerrado. Esse estudo indicou 431 áreas consideradas prioritárias, sendo que 181 delas já são protegidas, sob a forma de unidades de conservação e terras indígenas.

A ação principal foi complementar os inventários biológicos, pautados em pesquisa a respeito da biodiversidade do bioma, bem como os estudos socioantropológicos. Outra medida reúne as ações voltadas à recuperação de áreas degradadas, por causa da redução na biodiversidade resultante de perda significativa de hábitat, além de projetos de educação ambiental para as escolas da região.

Alguns projetos e estudos se destacam. É o caso das iniciativas realizadas por algumas universidades públicas do Centro-Oeste, como UnB, UFG e UFU, em parcerias com Ibama, Embrapa, IBGE e outros órgãos do governo. Um exemplo que pode ser citado é o Estudo de Representatividade Ecológica do Bioma Cerrado, um conjunto de estudos que visa ao conhecimento necessário para selecionar ecorregiões que possam garantir a conservação de espécies representativas do bioma Cerrado.

Outra iniciativa, voltada não só para a conservação do meio ambiente, mas também para a valorização do conhecimento, da cultura e da arte popular, é o Projeto EcoMuseu do Cerrado que abrange mais especificamente a bacia do alto rio Corumbá. Entre as ações desenvolvidas nesse projeto, realizado pelo Ministério do Meio Ambiente e pelo Ibama em parceria com a organização não governamental WWF, estão políticas locais de conservação da biodiversidade, saneamento ambiental, educação ambiental e ecoturismo. Além da participação dos componentes citados acima, o projeto conta também com a cooperação do governo de Goiás, de prefeituras municipais, de ONGs locais e das respectivas comunidades.

Entre os corredores ecológicos ali existentes, o Corredor Ecológico Araguaia-Bananal, que, por ser uma área de transição entre os biomas Amazônia e Cerrado, é considerado de alto endemismo e de grande diversidade de fauna e flora, sendo considerada uma das sete zonas úmidas do Brasil de importância internacional. Destacam-se também os corredores ecológicos Cerrado, Jalapão-Mangabeiras, Cerrado-Pantanal e JICA.[40]

Mata Atlântica

Uso e ocupação do solo

A exploração da Mata Atlântica ocorre desde a chegada dos portugueses ao Brasil. Até meados do século XX, a colonização se concentrou na faixa costeira. Durante a exploração da região, foram desenvolvidos os ciclos econômicos da cana-de-açúcar, do algodão e do café, seguidos por intensos processos de urbanização e de expansão agrícola nos séculos XIX e XX. Surgiram as maiores metrópoles do país, notadamente São Paulo e Rio de Janeiro, juntamente com diversas cidades menores e povoados. Tudo isso fez da Mata Atlântica o mais destruído de todos os biomas brasileiros.

Além de reduzido, esse bioma encontra-se também altamente fragmentado, com remanescentes

---

[40] http://www.ibama.gov.br/ecossistemas/projetosCerrado.htm

florestais localizados, principalmente, em áreas de difícil acesso.

Apesar de todo esse processo de ocupação, destruição e fragmentação, o bioma Mata Atlântica ainda abriga um dos mais importantes conjuntos de plantas e animais de todo o planeta, com significativa biodiversidade e elevados níveis de endemismo. A preservação desses remanescentes é de grande urgência, pois garante a contenção de encostas e o desenvolvimento de atividades voltadas ao ecoturismo, além de manter abrigadas diversas populações tradicionais, algumas delas nações indígenas. Além disso, no bioma estão localizados mananciais hídricos essenciais para o abastecimento de cerca de 70% da população brasileira. Sua importância também reside no fato de que, associados à Mata Atlântica, existem importantes ecossistemas, como os manguezais, as restingas e o jundu, os quais estão igualmente sob forte pressão de ocupação.

No Nordeste, a Mata Atlântica tem pequenas ilhas remanescentes e está reduzida a 0,3% de sua área original. No sul da Bahia encontram-se fragmentos maiores, mas também eles têm sido fortemente ameaçados.[41]

Manejo e conservação

Apesar de a Mata Atlântica ser o bioma mais degradado do Brasil, muitas ações têm sido voltadas para impedir ou reverter impactos sobre ela. As primeiras medidas para a sua proteção foram tomadas durante o período colonial. Tal preocupação justificava-se pela necessidade de reservas de madeira, indispensável por razões tanto econômicas como

---
[41] http://www.ibama.gov.br/ecossistemas/mata_atlantica.htm;
http://www.embrapa.br/publicacoes/institucionais/titulos-avulsos/laminas-biomas.pdf

militares. Contudo, apenas em 1898 foi decretada a primeira área natural protegida no Brasil, nomeada Parque Estadual da Cidade em São Paulo, que abrangia 1,74 quilômetro quadrado. Em 1937, foi criado o Parque Nacional do Itatiaia, e, dois anos depois, o Parque Nacional do Iguaçu. A partir de 1961, a proteção de áreas naturais aumentou expressivamente, culminando em 1977 com a criação do Parque Estadual da Serra do Mar, que, justaposto ao Parque da Serra da Bocaina, formou o maior corredor de proteção do bioma Mata Atlântica.

Ainda hoje a presença das unidades de conservação de diferentes categorias, como parques, reservas biológicas, estações ecológicas e reservas ecológicas, são uma das formas mais eficazes de preservação ambiental. Entretanto, a falta de planos de manejo e programas de monitoramento, aliada a atividades clandestinas como a caça e a coleta de plantas, ainda são impedimentos para um bom resultado. Além disso, com a criação das UCs surgiu um problema de ordem social, envolvendo as populações tradicionais que habitavam as áreas destinadas à conservação. Em muitos casos, as comunidades foram vítimas de uma política ambiental restritiva, que não levava em consideração o aspecto social da medida. Atualmente, muitos programas de gerenciamento das unidades de conservação contemplam a participação da comunidade local nas decisões e a abertura para que ela utilize seus recursos. Alguns exemplos são os projetos de ecoturismo, manejo sustentável do palmito-juçara, agricultura orgânica e apicultura, além do incentivo à utilização de energias alternativas, como a eólica e a solar.

Muitos corredores já estão sendo implementados em toda área coberta pela Mata Atlântica. O primeiro foi o Corredor Central da Mata Atlântica (CCMA), que visa à proteção dos remanescentes florestais significativos e a aumentar o grau de ligação entre fragmentos florestais por meio do controle, da proteção e da recuperação da cobertura florestal, bem como ao desenvolvimento de atividades de produção sustentável.[42] Vale destacar também os corredores do Nordeste, da Serra do Mar, do Atlântico de Santa Catarina e de Biodiversidade do Rio Paraná.[43]

O reconhecimento oficial do papel desempenhado pelas Reservas Particulares do Patrimônio Natural (RPPNs), mencionadas no início deste capítulo, foi um importante passo para a preservação da Mata Atlântica. Apesar de ainda serem pouco expressivas, essas reservas são importantes por envolver os proprietários de terra no esforço de preservação, implicando decisivamente outrora potenciais ou reais agentes devastadores em importantes aliados na defesa do ambiente. É possível citar, ainda, a implantação da Agenda 21 local e do ICMS ecológico, que destina recursos de impostos de circulação de mercadorias aos municípios que abrigam parques e áreas protegidas.[44]

Em 1991-1992, a Mata Atlântica foi reconhecida pela Unesco como sendo reserva da biosfera. Esse foi um passo decisivo para a preservação do que restou desse bioma. A área abrange catorze Estados, do Ceará ao Rio Grande do Sul, e é administrada por um conselho nacional, composto por representantes governamentais, além de organizações não governamentais, a comunidade científica, empresários e moradores da reserva.[45]

Vale ressaltar, também, a existência de um amplo conjunto de leis para a proteção do bioma.[46] A

---

[42] http://www.rbma.org.br/anuario/mata_04_areas_corredores_ecologicos.asp
[43] http://www.ibama.gov.br/ecossistemas/projetosMata_atlantica.htm
[44] http://www.ib.usp.br/ecosteiros/textos_educ/mata/conserva/conservacao.htm
[45] http://www.conservation.org.br/publicacoes/files/CapituloIVBrevehistoriada-conservacaodaMataAtlantica.pdf
[46] http://www.ibama.gov.br/ecossistemas/mata_atlantica.htm

principal lei de proteção das florestas no país é o Código Florestal, atualmente em discussão. No código vigente, de 1965, há orientações específicas para o bioma. A Lei da Mata Atlântica, aprovada em dezembro de 2006, após catorze anos de tramitação no Congresso Nacional, não só define os critérios para proteção da Mata Atlântica, como também cria mecanismos de apoio e recompensa a quem a preserva. Propõem-se incentivos econômicos para práticas que protegem e recuperam ambientes degradados, além de estabelecer a função social da floresta, a exploração conforme estágios de conservação e o reconhecimento de usos tradicionais e de pequenos produtores como sendo legítimos para a subsistência.[47] Por fim, a lei viabiliza a atuação direta de municípios cujo território esteja total ou parcialmente nela inserido, definindo ações e áreas prioritárias para a conservação e recuperação da vegetação nativa e da biodiversidade do bioma. Essas diretrizes abrangem os quatro Estados da região Sudeste (Espírito Santo, Minas Gerais, Rio de Janeiro e São Paulo) e envolvem cerca de 1.500 municípios.[48]

Por fim, a conservação da Mata Atlântica conta também com o envolvimento de organizações não governamentais, que têm aumentado significativamente nas últimas décadas. Exemplos dessas organizações são a Fundação Brasileira de Conservação da Natureza (FBCN), uma das mais antigas, e a Fundação SOS Mata Atlântica, além de ONGs internacionais, como a WWF e a Conservation International, que também possuem projetos de conservação para o bioma.

---

[47] http://www.aliancamataatlantica.org.br/?p=13
[48] http://www.mma.gov.br/

Caatinga

Uso e ocupação do solo

A Caatinga vem sendo degradada pela ação humana desde o período colonial, tanto com a procura por ouro e pedras preciosas na região quanto com o regime de sesmarias e o sistema de capitanias hereditárias. Nos últimos anos o bioma tem sido desmatado de forma ainda mais acelerada, principalmente devido ao consumo de lenha nativa, explorada de forma ilegal e insustentável, para fins domésticos e industriais, que vem causando acelerado desmatamento. Contribuem para a destruição da Caatinga o sobrepastoreio (excesso de cabeças de gado para a capacidade de suporte do meio) e a conversão da vegetação nativa, por meio de queimadas, em pastagens e áreas voltadas à agricultura. O avançado desmatamento chega a praticamente metade do bioma nativo.[49]

Atualmente, cerca de 27 milhões de pessoas vivem na região, a maioria dependente dos recursos do bioma para sobreviver. A biodiversidade da Caatinga ampara diversas atividades econômicas voltadas para fins agrossilvipastoris[50] e industriais, especialmente nos ramos farmacêutico, de cosméticos, químico e de alimentos.[51]

Outras partes do Nordeste, região onde está localizada a Caatinga, têm se dedicado ao uso econômico da irrigação, especialmente o vale do rio São Francisco, onde os solos e as condições climáticas são altamente favoráveis a essa prática. Entre os produtos

---

[49] http://www.mma.gov.br/biomas/caatinga
[50] Correspondem a sistemas de produção agropecuária que fazem uso sustentável da terra e dos recursos naturais, combinando a utilização de espécies florestais e/ou agrícolas à criação de animais (corte, leite, equinos, ovinos e caprinos), numa mesma área, de maneira simultânea e/ou escalonada no tempo. Promovem o aumento ou a manutenção da produtividade, com conservação dos recursos naturais e a utilização mínima de insumos.
[51] http://www.mma.gov.br/biomas/caatinga

voltados para exportação, destacam-se uva, melão, manga e outras frutas.[52]

A riqueza natural e social da Caatinga é importante patrimônio ambiental e cultural do Brasil. A exploração inadequada afeta seu equilíbrio ecológico, provocando o desaparecimento de espécies e a perda da biodiversidade.[53] Sua degradação já causou a extinção de várias espécies animais, sobretudo mamíferos. Contribui significativamente para o quadro de degradação o fato de a Caatinga ser o bioma menos conhecido do país. Essa desinformação, entre outros efeitos negativos, faz que a noção de que há algo ali a ser conservado ainda seja inexistente para grande parte dos brasileiros. Por conseguinte, a Caatinga não tem o mesmo apelo preservacionista que a Amazônia e a Mata Atlântica, por exemplo.[54]

Manejo e conservação

Apesar da importância que tem, a Caatinga é o bioma menos protegido do território brasileiro. Apenas 8,4% de sua área é ocupada por unidades de conservação federais e, ainda assim, uma parcela muito pequena apresenta proteção integral. Por conta dessa carência, algumas medidas têm sido adotadas nos últimos anos.

Mesmo as poucas áreas protegidas são submetidas a atividades ilegais, como caça, fogo, desmatamento e tráfico de animais silvestres. Isso se explica pois grande parte das unidades de conservação da Caatinga apresenta problemas básicos, como ausência de regularização fundiária, falta de plano de manejo e carência de pessoal. Apesar dessas falhas, a

---

[52] http://www.biosferadacaatinga.org.br/o_bioma_caatinga.html
[53] http://www.embrapa.br/publicacoes/institucionais/titulos-avulsos/laminas-biomas.pdf
[54] http://www.mma.gov.br/estruturas/203/_arquivos/plano___comunicao_jorge_1_203_1.pdf

criação e a ampliação de áreas protegidas, bem como a melhoria da gestão, têm sido realizadas nos últimos anos, o que dá um certo otimismo em relação a essas iniciativas. Um exemplo disso é a Unidade do Monumento Natural do Rio São Francisco, criada em 2009, cuja área ocupa pedaços de Alagoas, Bahia e Sergipe. Em 2010, o Parque Nacional das Confusões, no Piauí, foi ampliado em 300 mil hectares, e, em 2011, foi criado o Parque Nacional da Furna Feia, no Estado do Rio Grande do Norte. Dessa forma, a extensão de superfície preservada foi ampliada em torno de 7,5% do bioma. Mesmo assim, a Caatinga continua carente em termos de cuidados ambientais.[55]

Além da delimitação de territórios de proteção, outros projetos têm sido desenvolvidos para o uso sustentável de espécies nativas. Têm sido incentivados, por exemplo, o uso de lenha legalizada e a otimização desse combustível nos processos produtivos. Também voltados para a preservação dos recursos naturais e o aproveitamento da biodiversidade da região semiárida são o ecoturismo e o cultivo de frutas nativas, como o umbu e o maracujá-do-mato. Tem sido realizado, também, o monitoramento de áreas de produção de manga, melão e uva no vale do São Francisco, com vistas à racionalização do uso de agrotóxicos.[56]

O conhecimento sobre a Caatinga tem sido difundido dentro e fora do meio acadêmico, tanto em nível regional quanto nacional. Um exemplo disso é a I Conferência Regional de Desenvolvimento Sustentável do Bioma Caatinga – A Caatinga na Rio+20, realizada em maio de 2012, que formalizou os compromissos a serem assumidos por governos, parlamentos, setor privado, terceiro setor, movimentos sociais, comunidade acadêmica e entidades

---

[55] http://www.mma.gov.br/biomas/caatinga
[56] http://www.embrapa.br/publicacoes/institucionais/titulos-avulsos/laminas-biomas.pdf

de pesquisa da região para a promoção do desenvolvimento sustentável do bioma. Esses compromissos foram apresentados na Conferência das Nações Unidas sobre Desenvolvimento Sustentável, a Rio+20, realizada em 2012 na capital fluminense.

No contexto internacional, a Caatinga está inserida em duas convenções de meio ambiente organizadas pela Organização das Nações Unidas (ONU): a Convenção de Diversidade Biológica (CDB) e a Convenção de Combate à Desertificação (CCD). O problema da desertificação se refere ao processo de degradação ambiental que ocorre em áreas áridas, semiáridas e subúmidas secas. No Brasil, 62% das áreas suscetíveis à desertificação estão em zonas originalmente ocupadas pela Caatinga; muitas delas já se encontram bastante alteradas. A caatinga, indiretamente, também se relaciona com a Convenção de Mudanças Climáticas, já que as ditas mudanças adquiriram escala global.

A atenção internacional para os problemas do bioma já representa um passo importante, mas ainda insuficiente. É necessária a implementação dessas convenções no Brasil, o que depende de ações de setores do Ministério do Meio Ambiente (MMA), bem como de parcerias em esferas governamentais e não governamentais.[57]

Um dos principais trabalhos de preservação de um bioma está na identificação e catalogação das espécies ali viventes. Com esse objetivo se estruturou o Projeto de Conservação e Manejo do Bioma Caatinga, apoiado pelo Ibama, por universidades públicas e governos estaduais. Nele se destaca o estudo de monitoramento da biodiversidade, a identificação de áreas para a criação de novas unidades de conservação e a implantação de corredores ecológicos.[58]

---

[57] http://www.mma.gov.br/biomas/caatinga/item/191
[58] http://www.ibama.gov.br/ecossistemas/projetosCaatinga.htm

Pampa (Campos Sulinos)

Uso e ocupação do solo

Antes da chegada dos europeus, no século XVI, o local onde se situa o bioma Pampa, ou Campos Sulinos, era povoado por indígenas, especialmente os charruas, os minuanos e os guaranis. Com a presença de espanhóis e portugueses, o gado equino e bovino foi introduzido na região. Pouco tempo depois, no início do século XVII, novas espécies de plantas e animais foram introduzidas, provocando outras mudanças significativas no ambiente.

Alguns estudos apontam que a introdução de gado nos campos não parece ter acarretado danos expressivos à biota dos campos sulinos. Por outro lado, existem outros autores e pesquisadores que consideram o Pampa um ambiente vulnerável, especialmente quando a densidade de gado supera a carga suportada pelos ecossistemas ali existentes. De qualquer modo, por paradoxal que pareça, a presença do gado e a pressão que ele exerce sobre os ecossistemas campestres diminuem a possibilidade de avanço da floresta sobre o campo, o que acaba por interferir na formação vegetal do Pampa, mantendo, pelo menos, sua fisionomia campestre.[59]

As pastagens são, em sua maioria, utilizadas sem grandes preocupações com a recuperação e a manutenção da vegetação. Os campos naturais do Rio Grande do Sul são geralmente explorados sob pastoreio contínuo e extensivo; as queimadas são muito comuns nesses ambientes.

Além da pecuária, a agricultura tem exercido forte pressão sobre o Pampa. Culturas de arroz, milho, trigo e soja são muitas vezes praticadas em associação com

---

[59] http://www.semapirs.com.br/semapi2005/site/livro/cd%20rom/arquivos/06.pdf

a criação de gado bovino e ovino. No alto Uruguai e no planalto médio, as expansões da soja e do trigo levaram ao desaparecimento dos campos e à derrubada das matas. Atualmente, essas duas culturas provocam a diminuição da fertilidade dos solos, pelos processos de erosão e compactação, e a perda de matéria orgânica.[60]

Na última década, a agricultura e a silvicultura tiveram um avanço significativo, causando danos severos aos campos sulinos. A substituição da vegetação original por atividades diversas implica na redução da biodiversidade e no aumento das populações de espécies que podem se tornar indesejáveis – principalmente as espécies exóticas oportunistas, como, por exemplo, o capim-annoni. A presença dessas espécies invasoras tem sido uma ameaça, não apenas à fauna e à flora nativas, mas também à pecuária, uma das principais atividades econômicas da região.[61]

Manejo e conservação

Do ponto de vista ambiental, os biomas de áreas abertas, como o Pampa, são menos valorizados do que as formações florestais. A vegetação dos campos é mais simples e menos exuberante do que a desses ambientes, mas não menos relevante do ponto de vista da biodiversidade e de outras questões ambientais. Os campos têm uma importância expressiva no sequestro de carbono e no controle da erosão, além de serem fonte de variabilidade genética para diversas espécies. Entretanto, seu valor ainda não foi totalmente reconhecido.

Evidência disso é o fato de que este é o bioma com menor representatividade no Sistema Nacional de

---

[60] http://www.ibama.gov.br/ecossistemas/campos_sulinos.htm
[61] http://www.embrapa.br/publicacoes/institucionais/titulos-avulsos/laminas-biomas.pdf

Unidades de Conservação (SNUC). Suas únicas áreas protegidas, o Parque Estadual do Espinilho e a Reserva Biológica de Ibirapuitã, correspondem a menos de 0,5% da área continental brasileira. A Convenção sobre Diversidade Biológica (CDB), da qual o Brasil é signatário, prevê em suas metas para 2020 a proteção de pelo menos 17% das áreas terrestres representativas da heterogeneidade de cada bioma.

As Áreas Prioritárias para Conservação, Uso Sustentável e Repartição de Benefícios da Biodiversidade Brasileira, atualizadas em 2007, resultaram na identificação de 105 áreas do bioma Pampa; destas, 41 foram consideradas de importância biológica extremamente alta. Esses números contrastam com apenas 3,3% de proteção em unidades de conservação (2,4% de uso sustentável e 0,9% de proteção integral), evidenciando uma grande lacuna de representação das principais fisionomias de vegetação nativa e das espécies animais e vegetais ameaçadas de extinção. A criação de unidades de conservação, a recuperação de áreas degradadas e a formação de mosaicos e corredores ecológicos foram identificadas como as ações prioritárias para a conservação do bioma, juntamente com a fiscalização e os projetos de educação ambiental.

O fomento às atividades econômicas de uso sustentável é outro elemento essencial para assegurar a conservação do Pampa. A diversificação da produção rural e a valorização da pecuária com manejo do campo nativo, juntamente com o planejamento regional, o zoneamento ecológico-econômico e o respeito aos limites ecossistêmicos, formam o caminho para assegurar a conservação da biodiversidade e o desenvolvimento econômico e social.[62]

---

[62] http://www.mma.gov.br/biomas/pampa

Pantanal

Uso e ocupação do solo

A ocupação da região, de acordo com pesquisas arqueológicas, se deu há aproximadamente 10 mil anos por grupos indígenas. A primeira atividade econômica no Pantanal foi a pecuária, introduzida por sertanistas após o processo de conquista e aniquilamento dos índios guatós e guaicurus. Representou a única economia estável e permanente por muito tempo, uma vez que o Pantanal era considerado impróprio para a lavoura, devido às inundações anuais. Grandes fazendas de gado formaram-se ao longo do tempo, principalmente a partir de 1970, e por algum tempo a região pantaneira foi um importante fornecedor de carne para vários estados brasileiros.

O processo de expansão da fronteira, ocorrido após aquela década, foi a causa fundamental do crescimento demográfico do Centro-Oeste brasileiro. No planalto, o acelerado crescimento urbano causou uma série de desequilíbrios decorrentes de uma falta de planejamento no estabelecimento de novas cidades, tanto em Mato Grosso como em Mato Grosso do Sul. A falta de infraestrutura adequada para minimizar o impacto ambiental do crescimento acelerado foi causado, principalmente, pelo lançamento de esgotos domésticos ou industriais nos cursos de água da bacia, ou pela ocupação de áreas outrora com ecossistemas nativos. Por um lado, a região da planície pantaneira, que recebe sedimentos e resíduos das terras altas, menos afetadas pelos fluxos migratórios, dada sua estrutura de grandes latifúndios voltados para a pecuária em suas áreas alagadiças, não se incorporou ao processo de crescimento populacional. Por outro lado, os dejetos gerados nos novos núcleos urbanos estabelecidos no planalto repercutiram e repercutem diretamente na planície pantaneira, que recebe os sedimentos e resíduos das terras altas. Mas no planalto o padrão de crescimento urbano foi acelerado. "Como todas as cidades surgidas ou expandidas nessa época, as de Mato Grosso e Mato Grosso do Sul não tinham e nem têm infraestrutura adequada para minimizar o impacto ambiental do crescimento acelerado, causado, principalmente, pelo lançamento de esgotos domésticos ou industriais nos cursos de água da bacia."[63]

A presença de ouro e diamantes na baixada cuiabana e nas nascentes dos rios Paraguai e São Lourenço também contribuiu com a ocupação e grande transformação dos ecossistemas locais. O garimpo é altamente impactante, causando assoreamento e comprometendo a produtividade biológica de córregos e rios, além de contaminá-los com mercúrio[64].

Convém também frisar outras fontes de impactos ambientais negativos sobre o Pantanal, como caça, pesca, turismo, agropecuária e construção de rodovias e hidrelétricas.

Algumas dessas atividades dependem, diretamente, da manutenção da sustentabilidade ambiental, ou seja, da conservação dos recursos naturais da região.[65]

Manejo e conservação

Apesar de os dados do IBGE, citados no início deste capítulo, indicarem que o Pantanal foi o bioma brasileiro que, proporcionalmente, sofreu menos desmatamento, os impactos provocados na região pantaneira são indiscutivelmente relevantes, não só para a manutenção da biodiversidade, mas para a própria população humana. Felizmente, alguns esforços estão

---

[63] http://www.riosvivos.org.br/pantanal/principal.php?opt=1&alt=amea
[64] http://www.ibama.gov.br/ecossistemas/pantanal.htm
[65] http://www.embrapa.br/publicacoes/institucionais/titulos-avulsos/laminas-biomas.pdf

sendo realizados no sentido de minimizar ou reverter esses processos.

Um deles é o Programa de Desenvolvimento Sustentável do Pantanal (Programa Pantanal), que visa promover o desenvolvimento sustentável dos municípios que compõem a bacia do Alto Paraguai em Mato Grosso e Mato Grosso do Sul. O programa do governo federal pretende desenvolver um grande projeto de alternativas de desenvolvimento no país. O projeto surgiu da necessidade, expressa pelos dois estados ocupados pelo bioma, de gerenciar a bacia do Alto Paraguai com bases científicas. Essa bacia envolve o Pantanal, considerado patrimônio nacional, segundo a Constituição Federal, e Reserva da Biosfera Mundial, esta decretada pela Unesco.[66]

A interação com o setor ambiental, no âmbito dos três níveis governamentais, além da parceria com a Embrapa e outras instituições públicas e privadas, tem resultado em recursos para pesquisas e no uso de informações para a formulação de leis e políticas sobre recursos naturais.[67]

Outro grande projeto que está sendo desenvolvido no Pantanal é o GEF Alto Paraguai, que tem como objetivo elaborar um programa para a Implementação de Práticas de Gerenciamento Integrado de Bacias Hidrográficas para o Pantanal e a Bacia do Alto Paraguai (nome oficial do projeto). Entre as ações desenvolvidas, destacam-se a melhoria e a restauração do funcionamento ambiental do sistema e a proteção das espécies endêmicas do bioma.

A classificação do Pantanal como patrimônio natural da humanidade pela Organização das Nações Unidas para a Educação, a Ciência e a Cultura

---

[66] http://www.riosvivos.org.br/pantanal/principal.php?opt=3&alt=prog_pan&x=pp_desc
[67] http://www.riosvivos.org.br/pantanal/principal.php?opt=3&x=pp_desc&p=2&alt=enti_pan

(Unesco) e o reconhecimento do Pantanal mato-grossense como patrimônio nacional pela Constituição Federal favoreceram a criação e a manutenção de áreas de proteção na região. Existem por volta de cinquenta UCs propostas pelo poder público, distribuídas nas diversas categorias.[68]

Assim como em outros biomas, os corredores ecológicos correspondem a uma das estratégias mais eficientes para a conservação da biodiversidade e a manutenção das espécies do bioma. Sem dúvida um dos mais importantes é o Corredor Cerrado-Pantanal, situado na bacia do rio Taquari, em Goiás, interligando o Pantanal com o Cerrado da região do Parque Nacional das Emas.[69] Podemos destacar, também, os corredores Cuiabá-São Lourenço, Miranda-Serra da Bodoquena e Maracaju-Negro.[70]

Atividade 1

Esta atividade é proposta para que os alunos possam expandir alguns princípios e concepções fundamentais relativos ao desenvolvimento sustentável e, principalmente, conhecer alguns projetos e iniciativas que vêm sendo realizados nos diversos biomas.

Forneça aos alunos cópias dos exemplos de práticas de manejo sustentável exibidos a seguir. Tendo como estímulo os textos selecionados, eles devem realizar pesquisas, em casa ou na própria escola, para encontrar exemplos de manejo sustentável já praticados no Brasil. Cada um apresentará aos colegas o seu trabalho, em forma de seminário ou de uma simples exposição oral, se possível com o apoio de figuras.

---
[68] http://www.cpgls.ucg.br/6mostra/artigos/SAUDE/NINA%20JARDIM%20GASPARINI%20E%20JANA%C3%8DNA%20JULIANA%20MARIA%20CARNEIRO%20SILVA.pdf
[69] http://www.ibama.gov.br/ecossistemas/projetosCerrado.htm
[70] http://www.conservation.org.br/onde/pantanal/

Texto 1: Derrubada alternada de árvores

O strip logging, isto é, a derrubada das árvores em faixas alternadas, é uma maneira sustentável de obter madeira das florestas, mesmo de florestas pluviais relativamente frágeis. Abre-se um corredor acompanhando o contorno do terreno, suficientemente estreito para permitir a regeneração natural em alguns anos. Outro corredor é aberto acima do primeiro, e assim por diante, ao longo de um ciclo que se estende por varias décadas.

WILSON, E. *Diversidade da vida*. São Paulo: Companhia das Letras, 1994, p. 351-353.

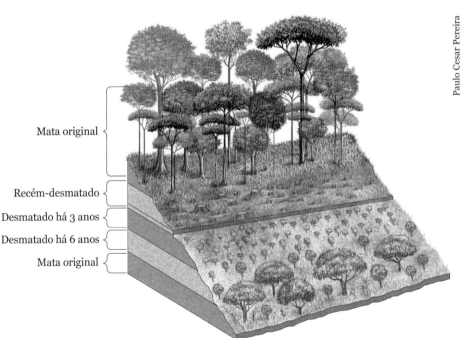

Texto 2: A reprodução das tartarugas fluviais

Um bom exemplo de superioridade das espécies selvagens é o das tartarugas fluviais do Amazonas do gênero Podocnemis. *As sete espécies conhecidas são altamente valorizadas como fonte de proteínas pela população local. A carne é de excelente qualidade, constituindo a base da saborosa cozinha local. À medida que as ribanceiras foram sendo mais povoadas, as tartarugas passaram a ser caçadas em excesso e agora a diversidade das espécies está ameaçada. Mas é fácil criá-las. Cada fêmea põe ninhadas de até 150 ovos, e os filhotes crescem rapidamente. Um espécime gigante de* **Podocnemis expansa** *chega a atingir quase 1 metro de comprimento e 50 quilos de peso. Pode ser confinada em tanques de cimento ou nas lagoas naturais que se formam nos igapós, alimentando-se de frutas e vegetação aquática, tudo com um custo mínimo. Sob tais condições, as tartarugas produzem anualmente cerca de 25 mil quilos de carne por hectare, mais de quatrocentas vezes a produtividade do gado para corte criado em pastos abertos nas florestas das proximidades. Como os igapós constituem 2% da superfície terrestre da região amazônica, o potencial comercial da espécie é enorme. Os efeitos sobre o meio ambiente são muito menores que o gado e outros animais exóticos que estão sendo agora impostos naquela região com resultados desastrosos.*

WILSON, E. *Diversidade da vida*. São Paulo: Companhia das Letras, 1994, p. 318-319.

Indicações de sites úteis para entender a ação antrópica nos biomas brasileiros

Constituição Federal
Disponível em: http://bd.camara.gov.br/bd/bitstream/handle/bdcamara/1438/conflitos_espaco_araujoetali.pdf?sequence=1
Acesso em: 7 jan. 2013.

Alterações nos biomas
Disponível em: http://www.revistabrasileiros.com.br/2012/06/18/88-da-mata-atlantica-nao-e-mais-original/
Acesso em: 7 jan. 2013.

Indicadores do Desenvolvimento Sustentável (IBGE)
Disponível em: http://www.ibge.gov.br/home/presidencia/noticias/noticia_visualiza.php?id_noticia=2161&id_pagina=1
Acesso em: 7 jan. 2013.

Manejo sustentável
Disponível em: http://www.embrapa.br/publicacoes/institucionais/titulos-avulsos/laminas-biomas.pdf
Acesso em: 7 jan. 2013.

Corredores ecológicos
Disponível em: http://www.mma.gov.br/areas-protegidas/programas-e-projetos/projeto-corredores-ecologicos/historico
http://uc.socioambiental.org/%C3%A1reas-para-conserva%C3%A7%C3%A3o/corredor-ecol%C3%B3gico

http://pt.wikipedia.org/wiki/Corredor_ecol%C3%B3gico
Acesso em: 7 jan. 2013.

Programas ambientais do governo
Disponível em: http://www.mma.gov.br/component/k2/item/8272-programas-mma
Acesso em: 7 jan. 2013.

Amazônia

Áreas protegidas
Disponível em: http://www.imazon.org.br/publicacoes/livros/areas-protegidas-na-amazonia-brasileira-avancos-e/4-unidades-de-conservaassapso-na-amazania-legal
Acesso em: 7 jan. 2013.

Extrativismo, biodiversidade e pirataria
Disponível em: http://www.embrapa.br/publicacoes/tecnico/folderTextoDiscussao/arquivos-pdf/Texto-27_20-05-08.pdf
Acesso em: 7 jan. 2013.

Populações tradicionais
Disponível em: http://uc.socioambiental.org/territ%C3%B3rios-de-ocupa%C3%A7%C3%A3o-tradicional/quem-s%C3%A3o-as-popula%C3%A7%C3%B5es-tradicionais
Acesso em: 7 jan. 2013.

Recursos minerais
Disponível em: http://www.forumcarajas.org.br/
Acesso em: 7 jan. 2013.

Cerrado

Biodiversidade e ecologia
Disponível em: http://www.agencia.cnptia.embrapa.br/Agencia16/AG01/arvore/AG01_30_911200585232.html
Acesso em: 7 jan. 2013.

Corredores ecológicos
Disponível em: http://www.ibama.gov.br/ecossistemas/projetosCerrado.htm
Acesso em: 7 jan. 2013.

Mata Atlântica

Corredores ecológicos
Disponível em: http://www.aliancamataatlantica.org.br/?p=47
http://www.ibama.gov.br/ecossistemas/projetos-Mata_atlantica.htm
http://www.rbma.org.br/anuario/mata_04_areas_corredores_ecologicos.asp
Acesso em: 7 jan. 2013.

Projetos de conservação
Disponível em: http://www.conservation.org.br/publicacoes/files/CapituloIVBrevehistoriadaconservacaodaMataAtlantica.pdf
http://www.ib.usp.br/ecosteiros/textos_educ/mata/conserva/conservacao.htm
http://www.aliancamataatlantica.org.br/?p=13
Acesso em: 7 jan. 2013.

Caatinga

Características gerais
Disponível em: http://www.mma.gov.br/biomas/caatinga
http://www.biosferadacaatinga.org.br/o_bioma_caatinga.html
http://www.embrapa.br/publicacoes/institucionais/titulos-avulsos/laminas-biomas.pdf
Acesso em: 7 jan. 2013.

Projetos de conservação
Disponível em: http://www.mma.gov.br/biomas/caatinga/item/191
http://www.ibama.gov.br/ecossistemas/projetos-Caatinga.htm
Acesso em: 7 jan. 2013.

Biodiversidade
Disponível em: http://www.mma.gov.br/estruturas/203/_arquivos/plano___comunicao_jorge_1_203_1.pdf
Acesso em: 7 jan. 2013.

Sistema agrossilvipastoril
Disponível em: http://www.beefpoint.com.br/cadeia-produtiva/sustentabilidade/sistema-agrossilvipastoril-rentabilidade-e-sustentabilidade-evolucao-do-projeto-mogiguacu/
Acesso em: 7 jan. 2013.

Pampa (Campos Sulinos)

Características gerais
Disponível em: http://www.semapirs.com.br/semapi2005/site/livro/cd%20rom/arquivos/06.pdf
http://www.ibama.gov.br/ecossistemas/campos_sulinos.htm

http://www.embrapa.br/publicacoes/institucio-nais/titulos-avulsos/laminas-biomas.pdf
Acesso em: 7 jan. 2013.

Projetos de conservação
Disponível em: http://www.mma.gov.br/biomas/pampa
Acesso em: 7 jan. 2013.

Pantanal

Características gerais
Disponível em: http://www.conservation.org.br/onde/pantanal/
Acesso em: 7 jan. 2013.

Projetos de conservação
Disponível em: http://www.riosvivos.org.br/pantanal/principal.php?opt=3&alt=prog_pan&x=pp_desc
http://www.riosvivos.org.br/pantanal/principal.php?opt=3&x=pp_desc&p=2&alt=enti_pan
Gasparini, N. J. ; SILVA, J. J. M. C. . Unidades de Conservação no Pantanal. In: Mudanças Climáticas, Desastres Naturais e Prevenção de Riscos, 2011, Goiânia. 6ª Mostra de Produção Científica da Pós--Graduação Lato Sensu da PUC Goiás. Goiânia: Editora da PUC Goiás, 2011. Disponível em: http://www.cpgls.ucg.br/6mostra/artigos/SAUDE/NINA%20JARDIM%20GASPARINI%20E%20JANA%C3%8DNA%20JULIANA%20MARIA%20CARNEIRO%20SILVA.pdf.
Acesso em: 7 jan. 2013.

Corredores ecológicos
Disponível em: http://www.ibama.gov.br/ecossistemas/projetosCerrado.htm Oficinas, projetos e atividades
Acesso em: 7 jan. 2013.

Capítulo 4

Oficinas, projetos e atividades

Confecção de um terrário e variação de parâmetros

Justificativa

O terrário é um modelo de ecossistema, isto é, um pequeno conjunto de elementos que interagem entre si e, de certa forma, se mantêm em equilíbrio. Sendo assim, a criação de um terrário é uma atividade pertinente e adequada para explorar melhor o tema biomas.

É o instrumento ideal de aprendizagem para introduzir e aprofundar alguns conceitos ecológicos que caracterizam os principais biomas brasileiros. Alguns temas que podem ser trabalhados nessa atividade são fatores bióticos e abióticos, ciclos biogeoquímicos (ciclo da água e do carbono, por exemplo) e características climáticas (temperatura e umidade), além do estudo das estruturas adaptativas para diferentes ambientes. O interessante desta proposta é que ela pode ser ajustada para vários objetivos diferentes, dependendo da necessidade e do interesse do professor e dos alunos. Pode ser trabalhada com foco no desenvolvimento da habilidade de observação de fenômenos como o ciclo da água e componentes do ecossistema. Ou pode, também, ser utilizada em problematizações para desenvolver diversas habilidades nos aprendizes.

Organização da classe

A critério do professor, a classe pode ser dividida em dois ou três grandes grupos, ou até mesmo toda a classe junta, tendo em vista a complexidade da atividade e o número desejado de terrários que serão confeccionados.

Duração

A confecção do terrário leva três a quatro aulas, mas o tempo total da atividade pode variar de acordo com o tempo que o professor desejar que seus alunos observem o ecossistema e façam seus registros (diário de bordo).

Formas de registro

Os registros desta atividade podem ser organizados no próprio caderno do aluno, onde as observações, os comentários e os apontamentos feitos pelo professor devem ser anotados conforme a regularidade estipulada pelo docente: diariamente, a cada dois dias ou semanalmente. A confecção do terrário é uma atividade em grupo; porém, a observação e o registro dos resultados obtidos pode ser uma tarefa individual registrada num caderno comum ao grupo denominado "Diário de bordo" (p. 141).

Terrário básico

Objetivos
Compreender a importância do ciclo da água para a manutenção e a preservação dos seres vivos; representar o ciclo da água; descrever o ciclo da água no terrário; reconhecer a distribuição da água no terrário; relacionar o desequilíbrio do ciclo da água com o aumento da poluição no meio ambiente. Conteúdos trabalhados: água; ciclo hidrológico; distribuição de água no planeta; poluição da água.

O ciclo da água pode ser explicado da seguinte forma: a água que penetrou nas plantas pelas raízes vai se evaporar em forma de gotículas sobre as folhas. A atmosfera criada no aquário fechado não vai conseguir absorver todo o vapor, que se acumulará nas paredes do recipiente. Na natureza, quando a umidade chega ao ponto de saturação, formam-se as chuvas e aí recomeça o ciclo.

Roteiro de aula para os alunos
Material

- Um recipiente com tampa (aquário ou garrafão de vidro ou plástico), de preferência com mais de 20 centímetros de altura.
- Cascalho grosso ou pedrisco
- Areia
- Terra vegetal
- Pequenas mudas de planta (samambaias, heras, musgos, avencas etc.) e/ou sementes
- Pedras
- Película automotiva (tipo insufilm)
- Pequenos animais, tais como tatu-bola, besouro, gafanhoto, joaninha, caracol, cigarra, formiga e minhoca (opcional)

Montagem

1. Lave o recipiente destinado ao terrário com água e álcool, secando-o em seguida com papel-toalha.
2. Distribua no fundo do recipiente uma camada de cascalho grosso e, em cima, uma de areia – ambas com espessura de aproximadamente 2,5 centímetros cada.
3. Em seguida, coloque a terra vegetal, formando uma camada de 4 centímetros.
4. Plante as mudas, tomando cuidado para não quebrar as raízes. Caso prefira fazer a semeadura, este também é o momento para isso.
5. Regue o terrário para umedecer a terra, tomando cuidado para não empoçá-la.
6. Cubra o terrário com película automotiva, de forma a vedar bem o recipiente.
7. Mantenha o terrário em local claro, onde o sol não bata diretamente.

Recomendações ao professor

1. As camadas de pedra, areia e terra vegetal simulam, de uma forma geral, as camadas do solo, reproduzindo as condições geológicas no meio ambiente. As camadas de areia e pedra têm a função de drenar a água. A terra vegetal corresponde à camada orgânica que cobre o solo em florestas e matas, por exemplo.

2. Deixe o terrário aberto por alguns dias. Mantenha a umidade da terra, repondo água sempre que necessário. Retire as plantinhas de capim que eventualmente crescerem no local. Após alguns dias, coloque a tampa, mas não lacre. Verifique constantemente a quantidade de água, de capim, algum fungo que surja etc. Se tudo estiver bem, tampe

definitivamente o frasco e lacre-o com cola quente ou silicone. Vede a tampa por fora, de modo que a substância da cola não caia dentro do frasco – isso evita a presença de um agente estranho, ou seja, um poluente na atmosfera do terrário.

3. Recomenda-se usar ao menos duas espécies diferentes de planta. Algumas crescem bem e têm certa resistência às condições do terrário. As mais indicadas são aquelas encontradas em ambientes que se mantêm relativamente úmidos o tempo todo; por exemplo, as plantinhas que crescem próximo às rochas, como musgos, samambaias ou plantas rasteiras. Algumas plantas de jardim, ou que crescem em vasos, podem se desenvolver bem no terrário, como maria-sem-vergonha (*Impatiens walleriana*), jiboia (*Epipremnum pinnatum*), avenca (*Adiantum capillus-veneris*), dinheiro-em-penca (*Callisia repens*), singônio (*Syngonium angustatum*) e grama-amendoim (*Arachis repens*), entre outras. Algumas espécies de suculentas, como a rosa-de-pedra (*Echeveria sp*), também podem resistir nessas condições.

Variações e experimentos

A experimentação é uma área bastante carente na biologia. Muitas vezes, o que chamamos de experimento na verdade é apenas a reprodução de experimentos já realizados, repetidos pelos alunos apenas para confirmar uma hipótese pré-formulada pelo professor ou pelo autor da atividade. Nesse sentido, o terrário é um exemplo de atividade que pode ser simplesmente de observação. Cabe ao professor conduzir os alunos a perceberem determinados fenômenos, como os ciclos da água e do carbono ou os processos de decomposição, entre outras possibilidades. Mas, por outro lado, se a experiência do terrário for iniciada com uma problematização, pode permitir a exploração de diferentes fases de uma investigação científica: observação, registro, questionamento, experimentação e conclusão. Desse modo, são elencadas a seguir algumas sugestões que podem ser modificadas, ou incrementadas. O que todas as sugestões têm em comum é que podem servir como ponto de partida para uma discussão sobre o tema dos biomas. Contudo, como todo experimento, requerem alguns cuidados, conforme explicado abaixo.

O que é um experimento simples?

Um experimento ou experiência científica consiste na montagem de uma estratégia concreta a partir da qual se organizam diversas ações observáveis, direta ou indiretamente, de forma a provar a plausibilidade ou falsidade de uma dada hipótese, de maneira que possam ser estabelecidas relações de causa e efeito para os resultados obtidos. Além dos sentidos humanos (tato, olfato, paladar, visão e audição), a experiência faz, geralmente, uso de instrumentos de medição. O seu relato escrito deve conter a lista dos materiais utilizados e a descrição de como foi realizado o procedimento, além da análise, da interpretação e da comunicação dos resultados.

A hipótese experimental: *declaração que prevê que o tratamento vai causar um determinado efeito. A hipótese experimental será sempre formulada como uma declaração de causa e efeito.*

A hipótese nula: *a hipótese de que o tratamento experimental não terá nenhum efeito sobre os* participantes ou variáveis dependentes. É importante notar que não encontrar um efeito do tratamento não significa que não há efeito. O tratamento pode impactar outra variável que os pesquisadores não estão medindo na experiência atual.

Variável(is) independente(s): *a variável de tratamento que é manipulada pelo experimentador.*

Variável(is) dependente(s): *a resposta que o pesquisador está medindo.*

Grupo de controle: *aquele que apresenta todas as características dos demais grupos, mas não recebe o tratamento. Os resultados obtidos do grupo de controle são comparados aos do grupo experimental, para determinar se o tratamento teve um efeito.*

Grupo experimental: *aquele que apresenta todas as características do grupo de controle e recebe o tratamento, ou seja, variação de um único parâmetro em relação aos demais grupos. Os resultados desses participantes são comparados aos do grupo de controle para determinar se o tratamento teve um efeito.*

Problematização 1

O espaço interfere no desenvolvimento das plantas?

O espaço é um dos fatores que limita o desenvolvimento das espécies em geral. Isso também pode ser observado nos diferentes biomas. No Pantanal, por exemplo, durante o período das cheias poucos territórios se mantêm acima do nível da água. Esses espaços limitados são disputados pelo tipo de vegetação que não é adaptado às enchentes. Assim, a problematização em torno desse tema é bastante pertinente. As conclusões do experimento podem se tornar generalizações para os biomas.

Existem muitas possibilidades para a montagem do experimento. O único cuidado é tentar montar dois terrários com as mesmas condições, mudando apenas o tamanho do recipiente. Podem-se preparar três formas de tratamento: tratamento 1: controle; tratamento 2: recipiente de mesmo diâmetro em relação ao controle, mas de altura diferente; tratamento 3: recipiente de mesma altura em relação ao controle, mas de diâmetro diferente. Deve-se ter o cuidado de controlar todos os outros parâmetros, como a espessura das camadas do solo, a quantidade de água e as condições de luz e calor, que devem ser idênticas para os três ambientes. Não se deve esquecer de manter as mesmas espécies de plantas e igual número de indivíduos.

Problematização 2

Agentes poluentes interferem no desenvolvimento das plantas?

Esta problematização pode ser relacionada a algumas interferências humanas nos ecossistemas e/ou biomas do país. É possível usar produtos que simulem o uso de agrotóxicos (inseticida ou fertilizante), o despejo de esgoto (detergente) e o vazamento de óleo (óleo de cozinha ou de carro).

Os mesmos cuidados da problematização anterior permanecem válidos, ou seja, deve-se preparar um recipiente de controle e um ou dois tratamentos diferentes. Nos três casos – agrotóxico, esgoto e óleo –, é possível montar o grupo de controle sem acrescentar nenhum produto a mais e os outros dois tratamentos com quantidades diferentes do material adicionado.

Assim como no procedimento anterior, deve-se ter o cuidado de controlar todos os demais parâmetros, como o tamanho do recipiente, a espessura das camadas do solo, a quantidade de água e as condições de luz e calor, bem como as variáveis relacionadas às plantas (mesmas espécies e mesma quantidade de cada uma).

Nesse procedimento, os tratamentos podem diferir em relação à quantidade de produto acrescentado. Por exemplo, no caso de testar o efeito do detergente, no tratamento 2 pode-se colocar determinada quantidade e, no tratamento 3, o dobro da quantidade.

Problematização 3

A quantidade de água interfere no desenvolvimento das plantas?

A umidade e a precipitação de um bioma são fatores determinantes em relação ao tipo de vegetação que se desenvolverá ali. Com essa problematização, é possível simular os diferentes biomas. Pouquíssima água pode ser a condição que representaria a Caatinga; uma quantidade média de água corresponderia aos biomas de florestas tropicais (Mata Atlântica e Amazônia); muita água, ao bioma do Pantanal.

Da mesma forma que nos procedimentos anteriores, é imprescindível variar apenas um parâmetro – neste caso, a quantidade de água em cada um dos tratamentos. Todos os outros parâmetros (tamanho e formato do recipiente, espessura das camadas do solo e condições de luz e calor, bem como quantidade e qualidade das plantas) devem permanecer inalterados.

Neste procedimento, os tratamentos vão diferir em relação à quantidade de água a ser acrescentada. No primeiro tratamento (que será o grupo de controle), deve-se colocar água até que se perceba que foi atingida a última camada de pedras. No segundo tratamento, que simulará o ambiente da Caatinga, coloque uma quantidade mínima de água, que vai depender do recipiente a ser usado. No tratamento 3, representando o Pantanal, acrescente água até deixar o ambiente saturado, ou seja, deixe transbordar até que a camada superior fique visivelmente encharcada.

Nessa simulação é bem provável que poucas plantas, ou nenhuma, sobrevivam ao tratamento 2 e ao tratamento 3. É possível discutir com os alunos a respeito deste fato: tanto o excesso quanto a falta de água são fatores limitantes nos ecossistemas/biomas. No Pantanal e na Caatinga, as plantas que habitam esses biomas estão adaptadas a essas condições de excesso e falta de água.

Problematização 4

A espessura da terra vegetal interfere no desenvolvimento das plantas?

A fertilidade do solo é um dos fatores mais determinantes dos biomas. Apesar de a porção mineral ser importante, a camada de húmus é a fonte mais imediata de nutrientes para as plantas. Nos biomas da Amazônia e da Mata Atlântica, a decomposição de restos de plantas e animais mortos é uma das razões para a exuberância que existe ali. Por outro lado, em ambientes como a Caatinga, com temperaturas altas e teor de umidade no solo extremamente baixo, o processo de decomposição fica prejudicado, e não se forma húmus.

Portanto, esse experimento é oportuno para avaliar o efeito da fertilidade do solo na flora dos diferentes biomas, bem como para simular o ambiente de cada um deles. Maior espessura de terra vegetal corresponderia às florestas tropicais; espessura média representaria o Cerrado; a falta de terra vegetal representaria a Caatinga.

É imprescindível variar apenas um parâmetro, que no caso é a presença e quantidade de terra vegetal em cada um dos tratamentos. Todos os outros parâmetros (tamanho e formato do recipiente, quantidade de água, espessura das camadas do solo e condições de luz e calor, bem como quantidade e qualidade das plantas) devem permanecer idênticos nos três terrários.

Neste procedimento, os tratamentos vão diferir apenas em relação à espessura de terra vegetal que comporá o solo do terrário. No tratamento 1 (o grupo de controle, para simular as florestas tropicais), devem-se colocar 4 centímetros de espessura de terra vegetal. No tratamento 2, para simular o Cerrado, coloque metade da quantidade acrescentada no primeiro tratamento. No tratamento 3, representando a Caatinga, não coloque a última camada, ou seja, deixe sem terra vegetal. Mantenha apenas as pedras e a areia.

Nesta experiência, espera-se que o máximo de sobrevivência e crescimento vegetativo ocorra no tratamento 1. No tratamento 3 é provável que poucas plantas sobrevivam, a não ser que sejam cactáceas ou suculentas. No tratamento 2, espera-se um resultado intermediário.

Problematização 5

Em que condição os cactos crescem melhor?

As plantas pertencentes ao grupo das cactáceas estão em maior proporção no bioma Caatinga, mas também estão presentes em outros ambientes, em menor número. Essas plantas apresentam adaptações para sobreviver com pouca quantidade de água e em solo arenoso, que são as condições da Caatinga. Mas será que essas condições são imprescindíveis à sobrevivência da planta ou ela poderia também viver em outros ambientes, sem, no entanto, conseguir por conta da competição com as demais espécies?

Esse experimento pode ser montado da mesma forma que a problematização 4, mas substituindo as plantas por cactos do mesmo tipo.

Problematização 6

Qual é a melhor quantidade de água para o crescimento de cactos?

Esta é uma variação do procedimento anterior. A montagem deve ser realizada da mesma forma que a feita na problematização 3, mas substituindo as plantas por cactos do mesmo tipo.

Problematização 7

Que tipo de planta cresce melhor em solo úmido?

Neste procedimento, procura-se simular as condições do bioma Pantanal. Aqui é possível refletir sobre as adaptações encontradas nas plantas para que possam sobreviver nas condições de excesso de água.

Para o experimento, monte três terrários, seguindo as instruções do tratamento 3 da problematização 3, que representa o ambiente do Pantanal. Para isso, monte os três ambientes conforme as instruções do terrário básico. Selecione três grupos de plantas com características diferentes entre si. O grupo 1 pode ser composto por musgos e samambaias; o grupo 2, por flores como a maria-sem-vergonha ou outra espécie selecionada da lista sugerida na montagem do terrário básico; e o grupo 3, formado apenas por cactos.

Mantenha todos os parâmetros iguais nos três tratamentos (tamanho e formato do recipiente, quantidade de água, espessura das camadas do solo e condições de luz e calor), mudando apenas os tipos de planta. Depois da montagem, acrescente água até deixar o ambiente saturado, ou seja, deixe transbordar até que a camada superior fique visivelmente molhada.

Problematização 8

O tipo de luz afeta o crescimento das plantas?

A luz é outro fator extremamente importante para caracterizar um bioma. Devido à localização geográfica do Brasil, esse não é um fator limitante na maioria dos biomas. A luz se torna um pouco mais relevante no Pampa, que tem seu clima ligeiramente próximo ao temperado. Ainda assim, é um parâmetro muito importante para se discutir dentro do tema biomas.

Para esta problematização, é só montar três terrários, conforme o procedimento de confecção do terrário básico, e colocar cada um dos tratamentos numa condição diferente de luz. No tratamento 1, que é o de controle, o terrário deve ser mantido num lugar claro, onde o sol não bata diretamente, mas o ambiente receba sua influência. O tratamento 2 pode ser mantido em lugar com pouca luz, bem sombreado, mas com as mesmas condições de temperatura que o tratamento 1. O tratamento 3 pode ser com total ausência de luz. É importante que, após a montagem dos três tratamentos, todos os recipientes sejam completamente vedados, para não haver interferências externas nos resultados.

> ### Diário de bordo
>
> *O diário de bordo é uma ferramenta para manter em foco todas as atividades realizadas pelo grupo e por seus integrantes, bem como para guiar o planejamento e as estratégias de trabalho. Pode ser utilizado pelo professor para avaliar o desempenho do grupo como um todo, e de seus integrantes individualmente, ao longo de todo o processo de realização do trabalho. O importante é verificar se houve progresso do trabalho em grupo e individual durante todo o período de avaliação. Por isso é imprescindível que os registros sejam feitos e consultados pelo docente.*
>
> *Para que este instrumento possa atingir todos os objetivos propostos, sugere-se o formato descrito a seguir:*
>
> 1. **Capa:** *deve conter a identificação do grupo, além de nome e número de todos os seus integrantes.*
>
> 2. **Quadro de funções:** *delimita as funções de cada integrante do grupo (coordenador, redator, relator e observador) e o período no qual eles irão exercê-las. Devem estar esquematizadas para possibilitar o revezamento dos alunos nas diversas funções do grupo. Uma sugestão é fazer uma tabela com essas informações.*

Coordenador: *responsável pelo grupo e por suas tarefas. Deve ficar atento aos prazos de entrega e conferir se o trabalho está sendo realizado corretamente, de acordo com as instruções passadas pelo professor. Supervisiona as observações e registros realizados pelos outros membros do grupo.*

Redator: *responsável pelo registro de tudo o que foi discutido durante os encontros realizados pelos integrantes do grupo.*

Observador: *responsável por obter todas as informações pertinentes ao trabalho, tem a incumbência de observar periodicamente o experimento e relatar suas conclusões ao restante do grupo, especialmente ao redator, que deve manter registros dos resultados observados.*

As funções podem ser realizadas por mais de um membro do grupo. É recomendável instituir algum tipo de revezamento nas funções.

3. **Quadro de gastos:** *todas as despesas efetuadas com a experiência devem ser computadas, preferencialmente agrupadas num quadro ou listagem, para facilitar o controle, a análise e a divisão igualitária dos custos. Devem-se anotar o gasto, sua finalidade, o autor e a data de sua ocorrência.*

4. **Experimento:** *uma parte do diário deve estar reservada para o experimento desenvolvido pelo grupo. Nesta seção, deve haver uma introdução explicando o que é o experimento, qual é a pergunta a que se pretende responder com*

ele e quais são as hipóteses de trabalho do grupo. Devem-se incluir também as intenções do grupo para o bom andamento de determinadas atividades, ou para atingir determinados objetivos. Aqui também deverão estar presentes as pesquisas bibliográficas e as orientações fornecidas ao grupo pelos professores, os materiais usados, o parâmetro testado, os dados obtidos periodicamente, a análise, a interpretação dos resultados e a conclusão.

5. **Cronograma:** *é preciso fazer um quadro ou listagem com datas e tarefas a serem cumpridas por cada integrante ou por todo o grupo. Os registros do cronograma devem ser breves e objetivos, servindo como importante apoio ao planejamento das atividades e ao cumprimento dos prazos.*

6. **Registro de atividades extraclasse:** *todas as reuniões e demais atividades realizadas fora do período de aula devem ser registradas, com data, lista de presença, objetivo do encontro e resumo do que foi discutido e decidido durante a reunião.*

Além dos itens descritos acima, o diário de bordo deve apresentar um espaço mais livre e pessoal, para que cada participante possa expressar seu grau de envolvimento com o trabalho, registrando sua criatividade e espírito crítico. As anotações devem ter comentários e críticas em relação ao trabalho do grupo e de seus integrantes, bem como ao desenvolvimento do projeto. Assim, o diário apresentará relatos do desenvolvimento do trabalho e do desempenho e envolvimento de cada integrante do grupo, e até mesmo os possíveis conflitos. O

> *diário de bordo deve apresentar também os pontos positivos e negativos de cada projeto, segundo avaliação dos integrantes do grupo. Esses pontos devem estar devidamente justificados, contendo propostas pertinentes para os casos nos quais se sugira alguma alteração de procedimento.*
>
> *A mesma qualidade dos registros deve ser mantida do início ao fim do trabalho. Eles devem estar organizados de maneira clara e limpa, de modo a facilitar a leitura, a utilização e a avaliação.*
>
> *A avaliação do diário de bordo é orientada fundamentalmente por duas visões distintas, porém intimamente ligadas: o registro das informações e a avaliação do trabalho do grupo (como um todo e individualmente), ao longo do desenvolvimento do trabalho.*

Texto baseado em:

http://projetosdeciencias.blogspot.com.br/2012/03/terrario.html

http://terrario6b.blogspot.com.br/2010/06/terrario-3-sua-formatacao-nao-esta.html

http://www.cienciamao.usp.br/tudo/exibir.php?midia=lcn&cod=_estudodemeio-cofeccaodeu

Rios, M. A. T. *O litoral como tema de investigação no Ensino Médio e o desenvolvimento de conteúdos conceituais, procedimentais e atitudinais: uma proposta curricular.* Tese de doutorado – Instituto Oceanográfico, Universidade de São Paulo, 2004. 254 p.

http://www.uga.edu/oasp/gsep/guide.html#Notebook%20and%20Logbook

Seminário rodízio

Como a quantidade de informações sobre os biomas brasileiros é bastante extensa, o ideal é que cada bioma seja abordado por um grupo de alunos e, depois, a aprendizagem seja partilhada com os demais colegas. Para isso, uma das possibilidades é fazer um seminário rodízio. Essa prática pode ser adotada também em outras situações, que abordem outros temas. Contudo, para o presente contexto, o seminário pode ser aplicado como estratégia para a interpretação das características dos biomas. As etapas dessa proposta pedagógica são detalhadas a seguir.

Preparação

Cada grupo deve ter um material de apoio. Os alunos se reúnem na classe e recebem um texto do professor (por exemplo, uma cópia de parte do texto apresentado no capítulo 2 – p. 39). Após a leitura, o grupo seleciona as principais informações e, se possível, algumas imagens – que podem ter sido trazidas de casa, como tarefa. A seguir, se inicia a preparação do material de apoio à apresentação do seminário. Uma das opções é a confecção de cartazes com cartolina nos quais serão incluídos os tópicos principais (localização, clima predominante, precipitação, temperatura, vegetação, solo e biodiversidade), para que, durante a apresentação, os colegas possam registrar em tabela (consultar modelo exposto na atividade 1 do capítulo 2 – p. 80). O cartaz deve conter, também, imagens representativas do bioma estudado. Uma vez preparado o material de apoio, os integrantes do grupo devem estudar o conteúdo a ser apresentado, coletiva ou individualmente.

Organização da apresentação

Antes de iniciar as apresentações, os alunos devem ser acomodados ao redor de mesas ou bancadas, de forma que pelo menos um representante de cada bioma esteja presente. Veja o esquema a seguir:

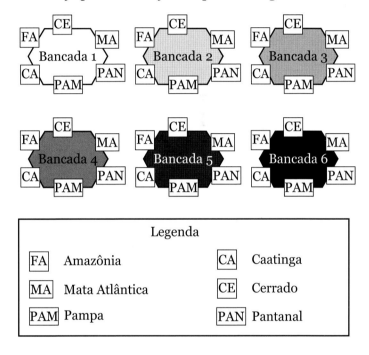

Apresentação

A apresentação deverá ocorrer simultaneamente em todas as bancadas, de maneira que, se considerarmos a classe inteira, todos os biomas estarão sendo apresentados ao mesmo tempo. Por exemplo, a primeira rodada de apresentações seria assim: bancada 1: Amazônia; bancada 2: Cerrado; bancada 3: Mata Atlântica; bancada 4: Caatinga; bancada 5: Pampa; bancada 6: Pantanal. Veja como ficaria esta organização a seguir:

Bancada ou mesa					
1	2	3	4	5	6
FA	CE	MA	CA	PAM	PAN
CE	MA	CA	PAM	PAN	FA
MA	CA	PAM	PAN	FA	CE
CA	PAM	PAN	FA	CE	MA
PAM	PAN	FA	CE	MA	CA
PAN	FA	CE	MA	CA	PAM

O material de apoio é só um para cada grupo; assim, ele deverá rodar pelas bancadas, conforme a apresentação.

Avaliação

A avaliação poderá ser realizada pelos alunos que assistem às apresentações. Esse tipo de seminário é bastante dinâmico e obriga todos os integrantes dos grupos a se preparar, porque todos se apresentarão. Além disso, é um formato interessante para os alunos tímidos, que, se por um lado terão oportunidade de praticar a oralidade, por outro não ficarão tão expostos quanto no seminário comum.

De maneira geral, os estudantes apreciam o tipo de interação proposta pelo seminário rodízio, que tende a ser bastante dinâmica. E, no final de todas as apresentações, os alunos terão suas tabelas preenchidas para poder realizar as outras atividades (no capítulo 2, p. 82).

Jogo da Sobrevivência

Justificativa

Conforme o capítulo 2, nos biomas ocorre um equilíbrio dinâmico entre os seres vivos e as condições ambientais às quais estão sujeitos. Porém, como afirmamos no capítulo 3, os ecossistemas/biomas estão sujeitos à interferência de diversos fatores, ligados ou não a atividades humanas, que muito provavelmente podem provocar desequilíbrios. Como os organismos estão interligados por meio das teias alimentares, quando uma espécie é afetada, muitas outras também serão, de forma direta ou indireta.

Por meio do Jogo da Sobrevivência é possível demonstrar o efeito de diversos fatores sobre determinadas populações e, ao mesmo tempo, desenvolver nos alunos habilidades de argumentação, construção de gráficos e compreensão de conceitos ecológicos.

O jogo descrito a seguir foi adaptado a partir de proposta originalmente elaborada pela equipe da extinta Funbec (Fundação Brasileira para o Desenvolvimento do Ensino de Ciências), publicada pelo Ministério da Educação[71] e estudada por Matos[72].

Descrição

Trata-se de um jogo no qual as peças representam populações de quatis que vivem numa floresta com outras populações. As relações entre essas espécies são representadas por meio de uma teia alimentar que será disponibilizada aos alunos. O ser humano,

---

[71] BRASIL. Ministério da Educação (1983). *O Jogo da Sobrevivência*. Revista Ciência Integrada. Capítulo 5: As populações. Brasília: MEC/PREMEN-CECISP, 1983. p.134-138.
[72] MATOS, S. A. *Uma proposta de uso do jogo no ensino de ecologia*. Dissertação do programa de pós-graduação em ensino de ecologia. PUC Minas Gerais. Belo Horizonte, 2008, p. 93-100.

embora não esteja incluído na figura dessa teia, faz parte dela realizando as mais diversas relações com as outras populações da floresta. Entra como participante do jogo na medida em que aparece como personagem de alguns eventos que provocarão alterações sobre as diversas populações da teia.

O jogo é uma simulação da dinâmica populacional de quatis, permitindo uma melhor compreensão dos efeitos dos diferentes fatores sobre o número de indivíduos em determinado ambiente. Servirá como palco para discutir a interferência do ser humano sobre os diversos ecossistemas, podendo essa abordagem ser extrapolada aos biomas.

Objetivos

Essa proposta é excelente para o desenvolvimento de conceitos relacionados à ecologia, sobretudo aqueles envolvidos na dinâmica de populações, o que se encaixa perfeitamente na análise da interferência humana sobre os biomas tratada no capítulo 3 deste livro.

É também uma atividade lúdica que colabora para o desenvolvimento, por parte dos alunos, de uma série de conteúdos conceituais, procedimentais e atitudinais, conforme os exemplos a seguir:

- identificação dos fatores bióticos e abióticos que compõem um ecossistema;
- reconhecimento de que o ecossistema é resultado de interações entre diversos componentes;
- ampliação da capacidade de leitura de textos instrucionais e dos gêneros esquema, gráfico e tabela;
- ampliação da capacidade interpretativa e argumentativa;
- confecção e interpretação de gráficos e tabelas;
- percepção do efeito de diversos fatores sobre determinadas populações;

- reconhecimento dos principais fatores que alteram a densidade populacional;
- reconhecimento da importância do equilíbrio dinâmico do ecossistema;
- reflexão sobre a interferência humana no equilíbrio dos ecossistemas.

Organização da atividade

A atividade pode ser realizada em sala de aula convencional, em laboratório ou em algum outro espaço escolar que permita organizar os alunos em grupos de quatro indivíduos. Cada grupo deverá receber um *kit* contendo quatro folhas-região com perguntas reflexivas, uma cópia do roteiro da atividade, um bloco de cartas de eventos e uma teia alimentar. As cartas dos eventos podem ser preparadas com antecedência pelo professor ou montadas pelos próprios alunos. As orientações para a confecção das cartas (48 por grupo) são as mesmas, tanto para o professor quanto para o aluno. Para tanto, devem ser providenciadas cópias das folhas que contêm as cartas (disponíveis no anexo D, p. 175).

As cartas devem ser cortadas e coladas em papel cartão ou cartolina e, se possível, plastificadas com papel transparente para maior durabilidade. As folhas-região e o roteiro da atividade se encontram no anexo C, p. 173. A quantidade de *kits* deve ser calculada de acordo com o número de alunos em cada classe, lembrando que são grupos de quatro integrantes. Os materiais que compõem o *kit* podem ser armazenados em caixas, sacos ou pastas, e distribuídos aos grupos.

Duração

A aplicação do jogo deve ocorrer em 2 horas-aula, somente depois de o conteúdo de ecologia ter sido abordado. Os principais conceitos abordados deverão ser os ecossistemas e seus componentes (fatores bióticos e abióticos), teia alimentar (produtores e consumidores) e dinâmica populacional (densidade populacional, mortalidade, natalidade, emigração e imigração).

A explicação das regras pode ser realizada antes da primeira aula, durante parte da aula anterior à aplicação do jogo. Se isso puder ser feito, os alunos terão mais tempo para jogar e confeccionar o gráfico da variação populacional. Uma aula inteira de 50 minutos pode ser reservada para o jogo propriamente dito. A aula seguinte seria para discussão e avaliação.

Formas de registro

São dois tipos de registro. Um é o próprio gráfico da variação populacional. O outro é o momento de reflexão sobre os resultados obtidos no jogo, tendo como ponto de partida as questões presentes na folha-região.

Recomendações ao professor

Antes de aplicar o jogo, o educador precisa se familiarizar com as regras, a organização e os procedimentos da atividade. Os *kits* também devem estar montados antecipadamente.

O professor pode explicar as regras do jogo após distribuir algumas cópias do roteiro aos alunos. As dúvidas serão respondidas ao término das explicações iniciais. Durante a aula destinada à execução do jogo, o professor deverá observar se os alunos estão marcando corretamente, na folha-região, as coordenadas gráficas, obedecendo às gerações correspondentes a cada jogada. Muitos alunos cometem o equívoco de saltar gerações ou não marcam corretamente nas coordenadas gráficas. O professor deve também atuar como mediador na interpretação das situações-problema, e ficar atento às concepções e interpretações alternativas dos alunos, corrigindo-as sempre que isso se fizer necessário.[73]

As folhas-região e o jogo deverão ser recolhidos ao término da aula. Assim, evita-se que os alunos os levem para casa e os esqueçam lá. Na aula seguinte, a atividade pode ser finalizada com uma discussão dos resultados, para que os alunos deem as suas impressões a respeito do jogo e respondam às questões contidas no roteiro da atividade.

Roteiro da atividade

O Jogo da Sobrevivência é uma simulação de crescimento natural da população de quatis. Ele permite compreender a dinâmica desse crescimento por meio da construção e análise do gráfico que representa uma população de quatis ao longo de dez gerações. Torna-se vencedor o aluno que obtiver, em seu grupo, o maior número de pontos.

Em todas as comunidades, as plantas são o ponto de partida das teias alimentares. Você já sabe que o desenvolvimento das populações depende da interação das determinantes populacionais: natalidade, mortalidade, imigração e emigração. Mas por que em alguns momentos a natalidade sobrepuja a mortalidade ou, em outros, ocorre mais imigração do que emigração? Que eventos podem provocar esses resultados?

---

[73] O roteiro dos alunos, que corresponde à descrição de jogo e ao conjunto de regras, se encontra logo a seguir neste mesmo capítulo. Cada *kit* deverá incluir pelo menos uma cópia do roteiro.

Essas e outras questões serão elucidadas durante o Jogo da Sobrevivência. A comunidade biológica envolvida no jogo é composta das seguintes populações animais que vivem numa floresta:

População de quatis. Os quatis são pequenos onívoros que se alimentam principalmente de aves e ovos, embora também comam frutas e apreciem bastante o milho.

População de gambás. A alimentação desses animais é baseada em frutos, vermes, pequenos mamíferos, aves e cobras. Seus hábitos alimentares são semelhantes aos dos quatis, com os quais competem por alimento.

População de onças. As onças são animais agressivos que evitam o ser humano, escondendo-se ou emigrando quando notam sua presença. Alimentam-se de macacos, capivaras, porcos-do-mato e, também, de gambás e quatis.

População de cobras. As cobras da região alimentam-se de pequenos mamíferos e aves, além de apreciarem ovos frescos.

População de macacos. Os macacos da região comem, principalmente, frutos e frutas, competindo com os quatis por esses alimentos. Ao mesmo tempo, são predados por onças.

As relações entre essas populações podem ser representadas pela seguinte teia alimentar:

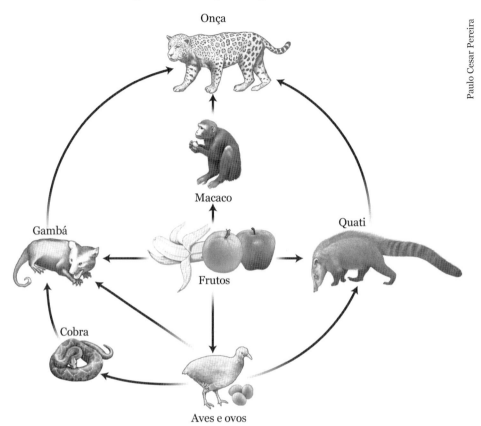

Considere que todos os animais representados na teia podem ser vítimas de parasitas causadores de várias doenças, além de sofrerem a interferência humana. Embora não esteja representado na teia, o ser humano pode interferir nas populações de todos esses animais pelos mais diversos motivos – a necessidade de se alimentar, a eliminação de hábitat, a caça esportiva e a alteração do ecossistema, entre outras ações.

Embora a comunidade descrita envolva diversas espécies, cada jogador representará uma população de quatis em determinada região.

O jogo foi elaborado para quatro participantes, que receberão folhas representando regiões da floresta onde vivem as populações de quatis de cada jogador. São as folhas-região. Além delas, cada jogador receberá um maço de cartas que representam eventos que ocorrem em cada região, em diferentes situações.

O objetivo do jogo é a obtenção de um gráfico que represente o crescimento da população de quatis de sua folha-região. Todas as regiões iniciam o jogo com sessenta quatis.

Como jogar

1. Cada jogador iniciará o jogo com uma população de sessenta quatis na primeira geração e, portanto, marcará na folha-região 60 indivíduos no eixo de jogadas 0 (zero). O grupo deverá estabelecer o critério que irá determinar qual será a ordem dos jogadores, ou seja, quem será o primeiro a jogar, e assim por diante.

2. O primeiro jogador retirará uma carta branca e a lerá para o grupo, que decidirá se a variação é positiva ou negativa, isto é, se a população de quatis do jogador vai aumentar ou diminuir. Suponha que um jogador retirou a seguinte carta:

> Chuvas fortes destroem
> flores e frutos da região
> Variação: 10 indivíduos

3. Para chegar a uma decisão correta, será necessário observar e analisar a teia alimentar. Neste caso, ela mostra que os frutos servem de alimento para

gambás, macacos, pássaros e quatis. Portanto, a população de quatis ficou prejudicada com o acontecimento, e a variação será negativa. Contudo, algumas cartas permitem mais de uma interpretação, ou seja, dependendo do argumento pode-se considerar a variação positiva ou negativa. Fique atento a isso, pois sua população pode ser salva se você souber argumentar a favor dela.

4. Analisando a carta, o jogador perceberá que a variação é de 10 indivíduos. Como o evento causou um efeito negativo sobre a população, isso significa que esse jogador perdeu 10 quatis. Como inicialmente havia 60 quatis, haverá 50 na 1ª geração. Será preciso marcar esse ponto na folha-região (jogada 1) do jogador e uni-lo ao ponto inicial (jogada 0). Em outras palavras, cada jogada representa uma geração.

5. Os procedimentos descritos anteriormente serão repetidos pelos demais participantes nas jogadas seguintes: eles deverão marcar, na folha-região, o número de indivíduos que a população passou a ter depois de o grupo analisar o efeito de cada carta retirada do monte. Caso as cartas de eventos terminem, deverão ser embaralhadas e reutilizadas.

Regulamento

1. Sempre que uma população ultrapassar 250 quatis, o número excedente deverá emigrar, indo para o jogador (região) que tiver o menor número desses animais. O jogador que receber os emigrantes deverá registrá-los na geração seguinte, ou seja, na jogada seguinte. Caso duas ou mais regiões tenham a mesma população, receberá os emigrantes aquela que estiver mais próxima de sua vez de jogar.

2. Quando a região que receber os quatis não comportar todos os emigrantes, o excesso deverá ir para o segundo jogador que possuir o menor número de quatis.

3. Se a emigração de quatis completar todas as regiões e ainda sobrarem indivíduos, os excedentes não terão para onde emigrar e morrerão. Esse número deverá ser abatido e marcado, na geração seguinte, na população da qual se originou.

4. Quando uma região ficar sem nenhum quati remanescente, a população local será considerada extinta. O jogador só voltará a participar quando sua região receber novos imigrantes.

Contagem dos pontos

Para verificar quem ganhou o jogo, deve-se obedecer à contagem indicada no quadro a seguir. O jogador que fizer o maior número de pontos será o vencedor.

Situação	Contagem de pontos
O primeiro jogador a atingir a marca dos 200 quatis...	... ganha 50 pontos
O segundo jogador a atingir a marca dos 200 quatis...	... ganha 30 pontos
Cada vez que um jogador "exporta" quatis, ele...	... ganha 50 pontos
O jogador que, ao final do jogo, tem 60 quatis ou mais...	... ganha 50 pontos
O jogador que, ao final do jogo, tem o maior número de quatis...	... ganha 50 pontos
O jogador que, ao final do jogo, tem o segundo maior número de quatis...	... ganha 30 pontos

Capítulo 5

Sequência didática

Objetivos

- Relacionar o ambiente próximo à vida do estudante a grandes abstrações.
- Identificar as características dos principais biomas brasileiros.
- Estabelecer relações entre fatores ambientais que determinam a cobertura vegetal dos principais biomas brasileiros.
- Reconhecer que a biodiversidade dos biomas é resultante da ação de um conjunto de fatores.
- Avaliar a importância da preservação dos biomas e de sua biodiversidade.
- Ler, interpretar e transpor informações de diversos gêneros textuais.
- Desenvolver diversas habilidades cognitivas de observação e análise de resultados.

Conteúdos

- Ecologia, ecossistemas, fatores bióticos e abióticos, cadeia alimentar.
- Biomas brasileiros: distribuição, caracterização.
- Comunidade biológica: espécies, populações.
- Biodiversidade (resultado da ação de diversos fatores).
- Biomas brasileiros: usos, riscos, ameaças.

Nível de ensino

6º ao 9º ano do Ensino Fundamental (segundo ciclo)

Duração estimada

16 aulas

Introdução

Esta sequência didática é uma sugestão de como utilizar o livro *Biomas brasileiros*, da coleção Como Eu Ensino, para abordar esse tema no Ensino Fundamental II. Trata-se de uma proposta que pode ser ajustada de acordo com a necessidade e as possibilidades de cada docente. O livro contém textos de apoio ao professor e um material facilmente reproduzível para usar com os alunos.

A partir de pesquisa, produção de texto, experimento, jogo, confecção de gráficos e tabelas, além da apresentação de seminários, os alunos entenderão os principais conceitos compreendidos no tema dos biomas brasileiros. Serão capazes, também, de compará-los quanto aos fatores abióticos predominantes e de entender que a diversidade em cada um resulta da ação conjunta de todos eles. Os alunos perceberão que os biomas estão submetidos a formas de uso e ocupação do território específicas. E, ainda, adquirirão ferramentas para avaliar e propor a preservação da diversidade natural brasileira a partir das características essenciais de cada bioma.

Desenvolvimento

1ª aula

Antes de iniciar o tema biomas propriamente dito, sugere-se introduzir alguns conceitos básicos, a começar pelo próprio termo "ecologia". Faça uma roda de conversa com os alunos sobre o que eles já sabem a respeito dessa palavra. No final da primeira fase, apresente a definição de ecologia que se encontra na atividade 1 (Pesquisa de opinião) descrita no capítulo 1 (p. 17). A seguir, oriente os alunos para que façam como lição de casa uma pesquisa sobre as diferentes interpretações a respeito desse termo. Eles devem realizar apenas os itens A, B e C, deixando o restante para terminar em sala.

2ª aula

Esta aula será reservada para finalizar a pesquisa de opinião, seguindo a atividade 1 a partir do item D. Ao encaminhar essa atividade, junte os alunos em grupos, para que possam interpretar melhor os resultados da pesquisa. É importante encerrar a aula com a ideia de que o foco da ecologia são os ecossistemas. E deixar no ar a pergunta: o que é um ecossistema?

3ª aula

Nesta aula explique a definição de ecossistema, de preferência a partir de ideias e conceitos levantados pelos próprios alunos. Escreva na lousa as palavras-chave que resumem as colocações dos alunos. Apresente a eles a definição de ecossistema em forma de texto. A partir daí, faça um esquema que possa representar um ecossistema. O exemplo a seguir pode ser utilizado:

Depois peça a um aluno para ler a definição de ecossistema e mostre à classe onde cada parte do texto pode ser representada pelo esquema. Um aluno pode fazer isso também. O capítulo 1 desta obra traz a definição de ecossistema e outros conceitos associados.

Os conceitos de fatores bióticos e abióticos também devem ser apresentados. No próprio esquema esses conceitos aparecem (seres vivos e matéria não viva), pois são os componentes do ecossistema.

Caso o professor ache necessário, ele pode também recordar o fluxo de energia, usando o esquema a seguir:

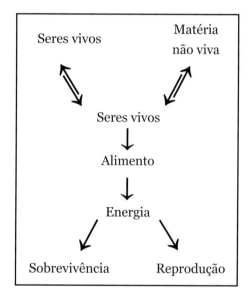

Nesse esquema, a interação entre matéria não viva e seres vivos pode representar a fotossíntese, enquanto a interação entre seres vivos e seres vivos pode significar a alimentação. A partir dessa ideia, será possível lembrar aos alunos a experiência que tiveram sobre as cadeias alimentares a partir do Jogo da Sobrevivência.

Para finalizar a aula, pode-se pedir aos alunos que tragam exemplos de ecossistemas, em forma de figura ou como uma breve descrição.

4ª aula

Comece a aula apresentando os exemplos pesquisados pelos alunos. Pergunte se podem pensar em exemplos de ecossistemas próximos a eles: um jardim da escola, uma praça próxima, um lago, um riacho, o jardim de casa, a horta, um aquário, um terrário, um sítio etc.[74] Escreva tudo na lousa, enfatizando que os ecossistemas podem ter vários tamanhos. Termine essa primeira parte da aula com uma pergunta: Será que algum desses exemplos seria o de um bioma?

Deixando a pergunta no ar, inicie a atividade 2 (p. 20), que aborda as definições de biomas detalhadas no capítulo 1.

No final da atividade, tente obter uma definição de bioma junto com os alunos. Repita a pergunta realizada antes da atividade: será que algum desses exemplos é um bioma?

Peça que eles tentem encontrar os elementos contidos na definição proposta por eles, nos exemplos de ecossistemas. Como tarefa de casa, os alunos podem pesquisar figuras que representem alguns biomas brasileiros.

5ª, 6ª e 7ª aulas

A partir da observação das figuras trazidas pelos alunos (o professor pode providenciar algumas representações típicas de cada bioma), os alunos tentarão caracterizar os diferentes biomas. Eles devem analisar o aspecto e o porte da vegetação, as características dos solos, os aspectos climáticos (seco, úmido, quente, frio etc.) e o relevo (se é plano, tem montanhas, vales etc).

---

[74] O projeto terrário, detalhado no capítulo 4 (p. 128), pode ser realizado paralelamente a partir dessas primeiras aulas.

Anote os resultados no quadro, para que os alunos possam registrar no caderno. Depois, inicie a atividade 1 do capítulo 2 (p. 80). Essa atividade poderá levar de duas a três aulas, pois existem várias possibilidades, conforme especificado na própria atividade.

O importante é que todos os alunos tenham ao final desse ciclo uma tabela preenchida por eles com as principais informações sobre os diferentes aspectos dos biomas – ou seja, localização geográfica, tipo de clima, precipitação, temperatura, vegetação e solo. A última coluna da tabela deve ser preenchida com os valores numéricos totais de espécies de cada bioma. Para isso, os alunos devem somar os valores de cada um dos grupos. Essas informações se encontram no texto.

Uma sugestão interessante é entregar aos alunos, junto com o esqueleto da tabela, um mapa do Brasil, para que possam localizar os biomas abordados.

Os alunos devem ter suas tabelas preenchidas com os valores numéricos e as informações resumidas, que caracterizam cada um dos biomas. Esse material deverá ser trazido para a aula seguinte.

8ª aula

Antes de iniciar as atividades desta aula, o professor pode apresentar no mapa do Brasil a localização dos biomas, para que os alunos possam conferir a sua cópia. Já com a tabela em mãos, será iniciada a atividade 2 detalhada no capítulo 2 (p. 82). Como se trata de uma nova habilidade a ser desenvolvida, que é a transformação de dados numéricos em categorias, seria mais interessante ter a supervisão do professor durante essa etapa. Portanto, é mais indicado que essa etapa seja realizada em sala de aula e não como tarefa de casa. O trabalho pode ser realizado em grupos, se o professor preferir.

O produto dessa etapa é uma tabela comparativa entre os biomas, de acordo com as médias anuais de precipitação e temperatura, e a biodiversidade. Antes de categorizar para preencher a tabela, os alunos podem construir gráficos para visualizar melhor a diferença entre os valores de cada bioma. Além disso, também se trabalha nesta atividade a habilidade na confecção de gráficos.

As categorias serão necessárias para preencher um quadro comparativo, onde os biomas serão distribuídos de acordo com a intensidade da precipitação e da temperatura anuais. Um modelo desse quadro também está incluído na atividade referida. Para finalizar essa parte do tema, os alunos responderão em casa às questões propostas na atividade.

9ª aula

Nesta aula os alunos devem estar de posse da lição de casa. A partir das respostas trazidas por eles, o professor aproveitará a ocasião para enfatizar que os principais parâmetros responsáveis pela diferença na biodiversidade de cada local são a precipitação e a temperatura. A partir dessa ideia, pode-se concluir, com os alunos, que o clima realmente é determinante na estruturação do bioma. Um fato curioso, no entanto, é que o Pantanal, que aparentemente tem todas as condições para um bom desenvolvimento dos seres vivos, apresenta baixa diversidade em relação aos demais biomas. É um bom momento para levantar hipóteses com o grupo acerca de outros fatores que podem exercer influência sobre a comunidade biológica.

Nesta aula o professor pode começar alguns experimentos com o terrário, de acordo com as sugestões apresentadas no capítulo 4 (item Variações e experimentos, p. 132), como parte do projeto do terrário. Nas problematizações propostas, pode ser testado o efeito de parâmetros como tipo de solo, quantidade de água e adaptação das plantas. Outras hipóteses podem ser levantadas pelo professor ou pelo grupo. A partir dessas ideias, novos experimentos serão montados.

Se a classe já montou terrários, eles próprios podem ser objeto de experimentação. Ou, ainda, esses ambientes podem ser sempre mencionados nas discussões como algo concreto, com os quais os estudantes podem experimentar, na prática, os conceitos trabalhados e extrapolar a experiência controlada no terrário para cenários mais amplos, como os biomas.

Os experimentos devem ter um acompanhamento periódico, após a montagem. Esta aula pode ser reservada para isso; no entanto, trata-se de um projeto que pode ser realizado paralelamente a outras atividades em sala de aula.

10ª, 11ª e 12ª aulas

O passo seguinte, após a turma entender o conceito de bioma e a influência dos fatores ambientais, se dá com a análise dos usos, riscos e ameaças a esses ambientes. Uma boa maneira de iniciar esta atividade é propor o Jogo da Sobrevivência, descrito em detalhes no capítulo 4 (p. 148).

Para que realmente seja proveitosa essa atividade, o ideal seria reservar três aulas para essa etapa. Uma delas para retomar os conceitos de ecologia (componentes do ecossistema, população, comunidade, teia alimentar, dinâmica populacional etc.), abordados no capítulo 1 deste livro. É preciso planejar com antecedência, para providenciar todo o material necessário – parte dele está disponível no detalhamento da atividade (capítulo 4) e parte encontra-se nos anexos.

Finalize este ciclo de aulas discutindo as questões apresentadas no anexo C, p. 174. É importante enfatizar que o Jogo da Sobrevivência é apenas uma simulação, mas que nela se trabalham as ideias de que os organismos estão inter-relacionados e de que qualquer alteração num ambiente pode provocar desequilíbrios de diversas dimensões. Essas ideias podem ser associadas ao projeto do terrário também, além de poderem ser extrapoladas para escalas maiores, como os biomas.

13ª e 14ª aulas

Nessa fase da sequência didática, os alunos podem ler alguns textos sobre usos, riscos e ameaças aos diferentes biomas. Uma opção é selecionar alguns trechos do material apresentado no capítulo 3 ou pesquisar nos sites indicados ao final daquele capítulo.

Como é uma quantidade muito grande de informação para cada aluno ler sozinho, a abordagem desse tema pode ser realizada sob a forma de seminários convencionais ou no sistema de rodízio, conforme detalhado no capítulo 4 (Seminário rodízio, p. 145).

É provável que apenas uma aula não seja suficiente para isso. No final das apresentações, todos os alunos deverão ter registros referentes a todos os biomas. Com base nessas informações, é possível discutir com a classe os principais desafios de conciliar preservação com o desenvolvimento econômico e social em cada um dos biomas brasileiros.

Os alunos podem pesquisar em casa e trazer figuras ou notícias de jornal sobre algumas consequências da interferência humana, como enchentes, deslizamentos em ocupações urbanas de morros sem cobertura vegetal, avanço da desertificação no sertão nordestino e o Arco do Desmatamento na Amazônia oriental, área de expansão de fronteiras agrícolas.

Com isso é possível fechar o ciclo sobre a ocupação humana e seus efeitos, enfatizando que esses problemas não surgiram recentemente, mas são o resultado de anos e anos de ação do homem sobre determinado bioma. Pode ser dado o exemplo da Mata Atlântica, porta de entrada para a ocupação histórica do território brasileiro, hoje reduzida a 7% de sua cobertura original, com remanescentes que precisam ser preservados em sua biodiversidade. Outro ponto importante é que essas matas abrigam nascentes de cursos de água e uma incrível variedade de mamíferos, aves, répteis e anfíbios. O professor pode reapresentar a tabela com o número de espécies de diferentes grupos em cada bioma (capítulo 2, atividade 2, p. 84). É possível, ainda, lembrar a turma sobre o progressivo avanço da agropecuária no Cerrado e os riscos da contaminação de cursos de água no Pantanal. Nos Campos Sulinos, vem avançando a formação de areais, com visível perda de solos e coberturas vegetais.

15ª aula

Para que os alunos possam finalmente compreender a importância da preservação das florestas para a manutenção da biodiversidade e de serviços ambientais correspondentes, é necessário abordar concepções e visões de desenvolvimento sustentável. Neste ciclo, poderão ser enfatizadas medidas e iniciativas de tratados e convenções internacionais sobre proteção de florestas e da biodiversidade.

Sugere-se, para isso, uma abordagem semelhante à das duas aulas anteriores. Os alunos podem ler trechos selecionados do material apresentado no capítulo 3. Então, será feita uma reflexão no grupo como um todo ou uma atividade individual em que o professor proponha algumas perguntas pertinentes.

Depois dessa primeira discussão, os alunos podem ter como lição de casa realizar a atividade 1 do capítulo 3 (p. 119).

16ª aula

O encerramento dessa sequência sobre biomas pode se dar com a apresentação das pesquisas dos alunos, em forma de seminário ou de uma simples exposição oral.

ANEXO A Gabarito da atividade 1 do capítulo 2 (p. 80)

Bioma	Localização (região do Brasil)	Tipo de clima predominante	Precipitação anual média/ Variação durante o ano
Amazônia	NORTE	Equatorial: quente e úmido o ano todo	2.300 mm Alta, com período de chuvas menos intensas: úmido o ano todo
Cerrado	CENTRO-OESTE	Tropical sazonal: quente o ano todo; inverno seco e verão chuvoso	1.300 mm Média, com estação de seca intensa
Mata Atlântica	REGIÃO COSTEIRA DO NORDESTE AO SUL DO BRASIL	Vários climas, de semiárido a subtropical: quente e úmido o ano todo	2.500 mm Alta, com inverno de precipitação mais baixa; úmido o ano todo
Caatinga	NORDESTE	Semiárido: quente o ano todo, com período de seca prolongado	500 mm Baixa, com estação de seca intensa
Pampa/ Campos Sulinos	SUL	Subtropical úmido: chuvas o ano todo, inverno frio e verão quente	1.200 mm Média, com pouca variação durante o ano
Pantanal	CENTRO-OESTE	Tropical úmido: quente o ano todo; inverno seco e verão chuvoso	1.300 mm Média, com grande sazonalidade; 4 estações: vazante, seca, enchente e cheia

Temperatura anual média/ Variação durante o ano	Vegetação	Solo	Diversidade
25 °C Alta o ano todo	Muito exuberante, com grande variedade de espécies e árvores de grande porte	Pobre com camada superficial de matéria orgânica (húmus)	MUITO ALTA
23 °C Alta o ano todo	Predomínio de gramíneas, arbustos e árvores de médio porte retorcidas e esparsas	De forma geral profundo, mas relativamente pobre e ácido	MÉDIA
18 °C Alta, com inverno com temperatura mais baixa	Muito exuberante, com grande variedade de espécies e árvores de grande porte	Relativamente pobre, os com camada superficial rica em matéria orgânica (húmus)	ALTA
28 °C Alta o ano todo	Vegetação adaptada à seca; cactáceas e plantas com raízes horizontais ou profundas e regiões de armazenamento de água	Rico em minerais, pedregoso, pobre em matéria orgânica e seco	MUITO BAIXA
15 °C Média com inverno frio e verão quente	Predomínio de gramíneas, arbustos e árvores esparsas	Rico em alguns locais, mas de forma geral relativamente pobre	BAIXA
20 °C Média com inverno um pouco mais frio e verão quente	Predomínio de gramíneas, arbustos e árvores de médio porte concentradas em bolsões	Rico em matéria orgânica devido às estações de vazante e enchente	BAIXA

ANEXO B Gabarito da atividade 2 do capítulo 2 (p. 83)

Bioma	Precipitação anual média	Temperatura anual média	Diversidade
Amazônia	ALTA	ALTA	MUITO ALTA
Cerrado	MÉDIA	ALTA	MÉDIA
Mata Atlântica	ALTA	ALTA	ALTA
Caatinga	BAIXA	ALTA	MUITO BAIXA
Pampa/ Campos Sulinos	MÉDIA	BAIXA	BAIXA
Pantanal	MÉDIA	MÉDIA	BAIXA

ANEXO C Folha-região e perguntas reflexivas

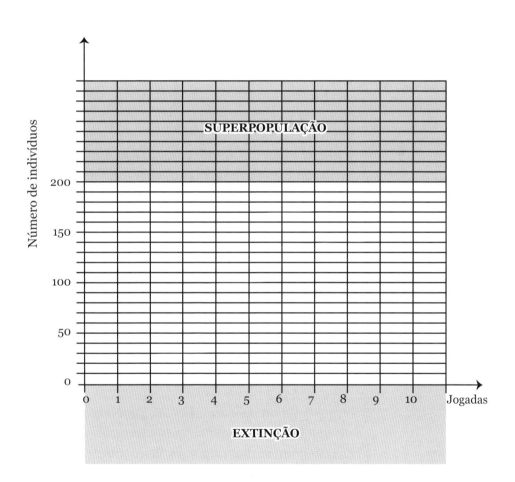

Reflexão sobre a atividade

1. Dê três exemplos de eventos que se refiram a interferências humanas sobre o ecossistema.

2. Apresente três exemplos de eventos que independem da interferência humana.

3. Tendo como exemplo as queimadas, quais consequências esse tipo de evento poderia ter sobre o bioma Amazônia?

4. Tomando como exemplo as enchentes, quais consequências esse tipo de evento poderia ter sobre o Pantanal?

5. Cite dois eventos, além daqueles apresentados na atividade, que poderiam interferir no equilíbrio de um ecossistema.

ANEXO D Modelo de cartas para o Jogo da Sobrevivência

Um período de seca afetou toda a região, baixando o nível de água da lagoa, e atraiu grande número de aves frutívoras, diminuindo a quantidade de frutos na região.

Variação: 15 indivíduos

Aumentou a caça de gambás na região, o que provocou uma emigração de onças, que foram a outras matas em busca de alimento.

Variação: 20 indivíduos

Uma mata vizinha foi derrubada e as árvores frutíferas morreram. Muitos morcegos, que se alimentam de frutos, migraram para a região onde vivem os seus quatis.

Variação: 20 indivíduos

Uma nova espécie de árvore estabeleceu-se na região. Seus frutos contêm uma substância que aumenta a reprodução dos quatis.

Variação: 20 indivíduos

Uma mata vizinha foi derrubada e as cobras que se alimentam de ovos migraram para a região onde vivem os seus quatis.

Variação: 10 indivíduos

Um período prolongado de seca prejudicou a vegetação da região, provocando a diminuição da produção de frutos e frutas.

Variação: 20 indivíduos

O desmatamento de uma pequena área da região onde vivem seus quatis tornou os roedores presas fáceis para as cobras, que estão na mesma teia alimentar dos seus quatis.

Variação: 20 indivíduos

Devido a uma queimada ocorrida na mata vizinha, muitos macacos que ali viviam migraram para a região habitada pelos seus quatis, atraídos pela abundância de frutos.

Variação: 20 indivíduos

Houve um aumento na quantidade de aves na mata onde vivem seus quatis, devido ao uso contínuo de inseticida nos milharais onde elas viviam.

Variação: 20 indivíduos

Os quatis passaram a levar vantagem sobre os gambás na competição por alimento.

Variação: 25 indivíduos

É época de frutificação do milho cultivado em áreas vizinhas à região, o que significa aumento da quantidade de alimento para a sua população de quatis.

Variação: 25 indivíduos

Uma ONG conseguiu que o ecossistema no qual vivem os quatis fosse transformado em reserva de proteção ambiental.

Variação: 20 indivíduos

Uma estrada está sendo construída dentro da mata onde vivem os quatis. Muitas árvores frutíferas e animais foram prejudicados. Variação: 30 indivíduos	Foi montado um parque de recreação público próximo ao ecossistema dos quatis, onde muitas árvores frutíferas foram plantadas. Muitas aves e macacos da região onde vivem os seus quatis foram atraídos a esse local. Variação: 20 indivíduos	Uma tempestade de raios provocou um incêndio em grande parte da mata onde vivem os quatis. Muitas árvores frutíferas foram destruídas, o que afugentou aves da região. Variação: 20 indivíduos
Um pequeno núcleo urbano instalado nas proximidades afugentou a maior parte das onças que viviam na mata. Variação: 10 indivíduos	Chuvas intensas lavaram os nutrientes do solo, prejudicando toda a vegetação presente na região. Variação: 25 indivíduos	Chuvas intensas e temperaturas altas, durante o período de verão, favoreceram as populações de insetos que se alimentam de frutos. Variação: 20 indivíduos
Uma epidemia prejudicou gambás e macacos, o que fez muitas onças saírem da região. Variação: 10 indivíduos	Parte da mata foi derrubada para plantação de milho. Isso atraiu uma grande quantidade de aves para a região. Variação: 20 indivíduos	Uma chuva forte derrubou uma quantidade muito grande de frutos das árvores. Variação: 15 indivíduos
Bandos de macacos que se alimentavam de frutos saíram da região, o que levou as onças a migrar para outras regiões em busca de alimento. Variação: 10 indivíduos	Um verão muito longo, com temperaturas altas e chuvas abundantes, aumentou drasticamente a produção de frutos da região. Variação: 20 indivíduos	Um inverno muito longo e rigoroso atingiu a região, afugentando as aves e prejudicando a produção de frutos. Variação: 25 indivíduos

biomas brasileiros **179**

Fazendas foram implantadas em regiões vizinhas, aumentando o uso de água do rio que passa pela mata onde vivem seus quatis. Isso diminuiu o suplemento de água para toda a comunidade local. Variação: 25 indivíduos	Uma epidemia se alastrou na população de quatis, afetando principalmente os indivíduos mais jovens. Variação: 20 indivíduos	Uma chuva de granizo destruiu muitas flores das árvores frutíferas. Isso diminuiu a produção de frutos e afugentou muitas espécies de aves da região. Variação: 25 indivíduos
Um parque ecológico foi construído próximo à mata, conservando toda a flora e a fauna do ecossistema. Variação: 30 indivíduos	Para comemorar o Dia da Criança, as escolas municipais promoveram um passeio na mata. Os alunos não recolheram o lixo que produziram. Animais se alimentaram de plástico e morreram. Variação: 5 indivíduos	A mobilização de alunos de uma escola incentivou a prefeitura de uma cidade próxima a aprovar uma lei proibindo a caça de aves na mata onde vivem seus quatis. Variação: 15 indivíduos
A universidade da região recebeu uma verba do governo federal para investir na preparação de monitores de turismo ecológico (ecoturismo) em todas as matas próximas. Variação: 20 indivíduos	Uma granja de grande porte foi instalada na região vizinha. Houve muitos problemas com animais que invadiam a propriedade para se alimentar dos ovos produzidos pelas galinhas. Variação: 10 indivíduos	A época de reprodução das aves atraiu grande quantidade de gambás e cobras que se alimentam de seus ovos. Variação: 20 indivíduos
A seca prolongada prejudicou toda a vegetação local, deixando muitas aves sem alimento. Variação: 15 indivíduos	Um período favorável à produção de frutos atraiu grande quantidade de gambás de outras regiões. Variação: 20 indivíduos	A população local passou a frequentar a mata nos fins de semana, provocando grande impacto no ecossistema onde vivem os seus quatis. Variação: 10 indivíduos

biomas brasileiros **181**

Uma queimada provocada por um grupo de pessoas que passeavam pela mata onde vivem os seus quatis prejudicou boa parte das árvores frutíferas. Variação: 20 indivíduos	Aves introduzidas pelo ser humano adaptaram-se às condições do ecossistema habitado pelos seus quatis. Variação: 20 indivíduos	Uma lei de proteção às onças, na região onde vivem os seus quatis, provocou um aumentou significativo na população desses felinos. Variação: 25 indivíduos
Um período prolongado de chuvas intensas provocou grandes inundações. Isso prejudicou as populações de cobras. Variação: 15 indivíduos	Chuvas intensas alagaram grande parte da região e cobriram a vegetação, prejudicando a produção de frutos. Variação: 20 indivíduos	Uma invasão de gafanhotos destruiu a plantação de milho de uma fazenda vizinha. Variação: 15 indivíduos
Uma lei de proteção ambiental favoreceu a população de gaviões, que se alimentam de cobras. Variação: 15 indivíduos	O calor e as chuvas de verão favoreceram a reprodução de rãs. As cobras da região passaram a se alimentar desses animais. Variação: 10 indivíduos	Uma fábrica foi instalada na região, desmatando parte da floresta e jogando seus poluentes no lago que fornecia água aos seus quatis. Variação: 30 indivíduos
Um grupo de pessoas muito bem intencionadas plantou diversas árvores exóticas. Mas elas se adaptaram tão bem à região que substituíram muitas espécies nativas da mata, inclusive as frutíferas. Variação: 20 indivíduos	Um período de frio intenso forçou muitas aves a deixar a mata, migrando para outros locais. Variação: 20 indivíduos	Uma indústria foi implantada nas proximidades ao lago e passou a despejar produtos químicos diretamente na água, que ficou muito poluída. Variação: 20 indivíduos

Os autores

Eloci Peres Rios é professora do Ensino Médio na rede particular. Mestre e doutora em oceanografia biológica pela USP, graduou-se em ciências biológicas na Unesp. Está cursando Educomunicação na Escola de Comunicações e Artes (ECA) da USP. Foi avaliadora do Repositório de Objetos Instrucionais do Ministério da Educação (MEC), colaboradora da *Veja na Sala de Aula*, colaboradora da *Aula Aberta* (*Scientific American*), consultora pedagógica da Rede Internacional Virtual de Educação (RIVED) – Unesco/Banco Mundial e membro da banca corretora de Biologia da FUVEST.

Miguel Thompson é diretor executivo do Colégio Objetivo de Sorocaba. Mestre e doutor em oceanografia biológica pela USP, graduou-se em biologia na Universidade Mackenzie. Foi colaborador do Repositório de Objetos Instrucionais do Ministério da Educação (MEC), colaborador da TV Escola do MEC e consultor do Programa das Nações Unidas para o Desenvolvimento das Nações (PNUD). Atuou na elaboração do texto de Educação Ambiental da Rádio Escola, do Programa de Alfabetização Solidária/MEC, do material didático do EJA e da Matriz de Avaliação de Ensino de Biologia no Estado de São Paulo (SARESP).